「大正」を読み直す

幸徳・大杉・河上・津田、そして和辻・大川

子安宣邦

藤原書店

「大正」を読み直す　目次

装丁・作間順子

「大正」を読み直す

幸徳・大杉・河上・津田、
そして和辻・大川

1

なぜいま大正なのか

この四半世紀を貫くのは、大日本帝国の展開とそのもとでの社会運動、そして大衆社会化の進行である。

成田龍一『大正デモクラシー』

1 「大正デモクラシー」

大正天皇の在位期間、すなわち一九一二（明治四十五／大正元）年七月三十日から一九二六（大正十五／昭和元）年十二月二十五日までを大正時代というが、「大正」という時代の歴史記述が一般にこの王朝交替的時代区分に直ちにしたがってなされるわけではない。「大正」をどういう時代として見るかという歴史認識が、明治末年に大正の始まりを求め、あるいは大正の中に昭和への移りゆきを見ようとするのである。「大正」を「大正デモクラシー」の時代とするのはもちろん戦後に始まった見方であろうが、その見方は「大正デモクラシー」としての「大正」という時代の始まりをどこに、どのように見るのであろうか。

ところで「大正デモクラシー」とはいつ、だれによっていい始められたのか。私はそれを明らかにする術を身近にもっていないが、中央公論社が二十六巻の構成をもって神話的古代から現代にいたる日本史を一般読者向けの読み物として編集し、出版した『日本の歴史』は、『大正デモクラシー』(1)のタイトルをもった大正時代史の巻をもっている。これは今井清一によって書かれ、一九六六年に出版された。恐らくこれが「大正デモクラシー」の名をもった大正時代史の初めてのものではないだろうか。だが「大正デモクラシー」が大正時代史への基本的視角をなすものになるのは、松尾尊兊《たかよし》の同名の著書[2]が出版されるにいたってではないか。松尾の『大正デモクラシー』が出版されたのは一九七四年であるが、ほとんど同時期に鹿野政直の『大正デモクラシーの底流』（一九七三年）が、また三谷太一郎の『大正デモクラシー論』（一九七四年）も出版されている。松尾は自分の著書を含めてこの三書を大正期研究の必読の基本文献といっているが[3]、大正期への「大正デモクラシー」という視角を決定づけたのは、恐らく松尾の『大正デモクラシー』であったであろう。

だが一九七〇年代に成立してくるこうした「大正デモクラシー」論が人びとを引きつけ、大正期の再考に人びとを向かわせるような何かをもっていたのかといえば、少なくとも私においてそれは否《ノン》である。六〇年という戦後日本と戦後的社会運動の転換期、私にとって敗北的挫折からのやり直しを意味したこの転換期に、私は日本の「近代」と「近代化」とを相対化しうる視点と方法とを求めていった。六八年の大学紛争はこの転換の世界史的な意味を暴力的な形で露呈させた。七〇年とはこの暴力的な転換の揺曳のなかに社会も大学もなおあった時期である。そのような時期に、「（大正デモクラシーとは）広汎な勤労民衆の自覚に支えられた運動であった。それゆえに、大正期は、たんなる過渡期ではなく一つの歴史的個性をもつ時代でありえた。その生み出した最良の思想的達成は、日本国憲法の基本精神に直結しており、戦後民主主義の日本社会への定着は大正デモクラシーを前提にしてはじめて可能であったといえよう[4]」といった、その可能性を戦後民主主義の社会的定着に見るような「大正デモクラシー」論に白々しい視線をしか私は向けなかった。

七〇年代における「大正デモクラシー」論の登場が「大正」の読み直しを私に促すようなことはなかった。「大正」とは私にとってただ昭和に先立つ時代でしかなかった。「大正」という時代に対する消極的な関心は私だけのものではない。どんな大きな書店を訪ねても、歴史関係の書棚にある大正時代の関係書は寥々たるものでしかない。だが私における「大正」へのこの消極的な関心は、昭和戦前・戦中期の私の読み直し作業を通じて変化していった。

私はこの世紀の初めの時期から、昭和の戦前・戦中期の日本への関心を深めていった。その関心は「近代の超克」論や「和辻倫理学」論、そして戦前・戦中から戦後にかけての日本人の「中国」論を読み直す形をもって市民講座で語られていった[5]。この昭和戦前・戦中期をめぐる講座の中で、私はこの昭和とは大正がまさしく作り出したのではないか、昭和一桁生まれの私は大正が作り出した昭和という全体主義的時代の中に生み落とされたのではないかと思うようになった。実際に明治末年生まれの私の両親は大正に成人し、昭和の川崎に一家を構え、家業を営み、家族をも儲けていったのである。そしてさらに戦後民主主義が形骸化し、社会主義と社会運動も溶解してしまった現在に直面して、松尾とは反対に、この原因ははるかに「大逆事件」という巨大なダメージを負って始まった大正に成立する「大正デモクラシー」そのものに関わることではないかと考えるようになった。そのようなときに成田龍一の『大正デモクラシー』（岩波新書、二〇〇七）を読んだのである。

成田の『大正デモクラシー』は私が予想したものとは違っていた。明治三十八（一九〇五）年九月の「日比谷焼打ち事件」から始まる『大正デモクラシー』によって私は「大正」も「大正デモクラシー」も見直した。この書によって「大正」が私にははじめて見えてきたのである。

2 「日比谷事件」という始まり

成田のいう「大正デモクラシー」は「日比谷事件」、すなわち近代日本で最初の大規模な民衆騒擾という始まりをもっている。ちなみに「日比谷事件」という始まりをもつ「大正デモクラシー」は成田においては終わりをももっている。満州事変をきっかけとする日本の政治的、社会的事態の全体主義的変容をもって「大正デモクラシー」は終わるのである。成田のいう「大正デモクラシー」はこの始まりをもち、この終わりをもつのである。まず始まりから見てみよう。

一九〇五年九月五日、日露戦争の終結についてのポーツマス講和条約の内容に不満な人びとが日比谷公園の封鎖を打ち破って国民大会を開催し、その後、集まった群衆は付近の内務大臣官邸や講和賛成派の国民新聞社を焼き打ちし、阻止する警官隊と衝突した。夕刻になると騒擾は一層激化し、群衆は日本橋大通りを駆け抜け、道路沿いの警察署や交番、派出所を焼打ちしていった。五日の夜半には二つの警察署、六つの警察分署が焼かれ、交番や派出所の被害は二〇三カ所にも及んだ。六日も騒擾は続いた。その夜、市電の焼打ちがあり、四台の車両が焼けた。六日の夜、戒厳令が布告された。七日、市内に七三カ所の検問所が設けられたが、なお騒擾は続いた。しかしようやくその日に騒擾は鎮静化された。この「東京騒擾」による死者は一七名、負傷者は無数、逮捕・起訴されたものは三一一人にのぼった。それは未曾有の騒擾事件であった。

成田はこの騒擾をなす群衆の階層分析をしている。騒擾の実行者であり、逮捕者である大多数は人足や車夫、職人たち、都市の「雑業層」の人びとであった。もう一つの階層は彼らを雇う親方、中小の商店主・工場主、すなわち「旦那衆」であったと成田はいう。それ以外に軍人兵士の家族をはじめとする戦争によって犠牲を強いられた都市下層のあらゆる人びとが集結し、権力の直接的な出張所に向けて暴力的な抗議の意志表示をしていったのである。

日比谷の騒擾をなす群衆は大多数の雑業層の人びとと彼らを雇う旦那衆をも含んだ雑多な都市下層住民であった。日露戦争の勝利の報道に際しては熱狂し、旗を振った彼らは、実際にはその戦争の償われざる犠牲者であった。償われることのない犠牲を負うことによって彼らは、国家権力という無慈悲の暴力に直面したのである。犠牲を償うことのない戦争終結のあり方に怒り、未曾有の騒擾を起こすことによって、彼らははじめて「国民」になったというよりは、「国民」にならされたのである。成田はこう書いている。

二十世紀の初頭には、たびたび都市では騒擾がみられ、一九一八年夏の米騒動まで頻繁に起こる。都市空間には、かくして秩序を動かしていくエネルギーが充満しており、この動きが、大正デモクラシーの発火点になっている。

「日比谷事件」という民衆騒擾を発火点として「大正デモクラシー」を見るということは、成田がいうように、「大正デモクラシー」の結節点として「米騒動」を見ることであり、日本の地理空間には、ことに都市空間には「秩序を動かしていくエネルギーが充満して」いる時代として「大正」を見出すことである。私が成田の『大正デモクラシー』を読むことで「大正」と「大正デモクラシー」とを見直したのは、この民衆騒擾的始まりの記述によってである。

3 「大正」と「大衆社会」の成立

大正七（一九一八）年七月二十三日、富山県魚津町などの米価騰貴に苦しむ漁民の妻女たちは米の他県への積み出しを阻止し、集団をなして役場や詰所に押しかけた。この事件が新聞によって伝えられると、八月十日から十五日の間に全国の主要都市で米価値下げ要求の大衆行動や投機的米商人への襲撃などの騒動が発生した。八月中旬以降はさらに農村・地方都市、炭鉱地帯にまで波及し、各地で労働争議も続発した。南関東から北九州にいたる三〇〇カ所以上で騒動が起こり、政府は警察だけではなく軍隊も出動させ、九月十七日までにこれを鎮圧した。この騒動への参加者は七〇万人以上といわれ、二万五千人以上が検挙され、七七八六人が起訴された。成田は逮捕者に雑業層の多いことから、「米騒動は、日比谷焼打ち事件以来の都市民衆騒擾の延長としての性格を持つ。あわせて、農村や工場、炭鉱などで、中流以下の階層の人びとの広範な参加があった。米騒動は、「民衆」の力を見せつけることとなり、社会運動の局面のみならず、統治のうえでも大きな転機を作り出す。近代日本史上でもっとも大規模な社会運動のひとつ」であったといっている。寺内首相は辞任し、「大正デモクラシー」と等置される歴史的事件、すなわち原敬による「最初の政党内閣」が成立することになる。

「大正デモクラシー」はその発火点と結節点に大規模な「民衆騒擾」をもっている。「大正」という時代の政治的遂行にも、それがとっていく政治的形態にも、「騒擾」として時局への抗議を強力に、集団的に表現していく大衆が存在するのである。私がここでいう大衆とはまず、成田が「日比谷事件」の騒擾主体としていう都市下層「雑業層」の群衆であり、「米騒動」ではそれに炭鉱坑夫が加わり、労働者が加わり、小作人が加わり、そして被差別部落の人びとも加わっていくとされる群衆である。この都市下層の「雑業層」という群衆はもともとのあり方からすれば「大衆multitude」である。だがその群衆はいま「大正」という歴史的局面で集合し、暴力的な抗議の意志表示をする不特定の社会的集合体「大衆mass」となるのである。「大正」が「大正デモクラシー」と呼ばれる新たな政治的、社会的な特質をもった時代であるのは何よりも、その生存条件にかかわる局面ではいつでも騒擾主体となるような不特定の社会的集合体「大衆」の成立によるのではないか。この「大衆」の存立から社会問題が生まれ、政治が問われ、政治的遂行とその形態の変容が促されていくのではないか。「大衆」の存立が社会問題そのものを構成していくような「大正」とは「大衆社会」の成立の時代だというべきだろう。

4 「大衆社会」論再考

「大衆社会」とは、資本主義の産業的段階から独占的段階への移行によって、構造的、機能的に変質化した資本主義社会の現実状況、たとえば既存の市民社会の外部的存在であった大量の労働者たちの国家社会体制への内部化、そこから起きる社会の大衆的平準化、大量生産と大量消費による生活様式の平均化、情報・交通手段の発達による文化の消費的な大衆的普及などの社会的形態の変化によって、政治学、社会学的概念として構成されたものである。この「大衆社会」論は、「市民社会」とその観念の崩壊という現実的事態に対応しながら構成されていった。戦後日本でマルクス主義系社会科学者との激しい論争を伴いながら「大衆社会」論を展開した政治学者松下圭一はこういっている。

> 独占段階は、社会過程の原子化・機械化自体を実現していくことによって、社会形態の変化をもたらしたが、そのとき、自由・平等・独立な個人の原子論的機械論的構成をとっていた市民社会の観念は崩壊しなければならなかったのである。ここに「市民社会」に代わって新たに「大衆社会」の観念形成が日程にのぼってくる。(6)

ここで松下の「大衆社会」論から引用したついでに、私の問題関心を刺激する松下の「大衆社会」論的言及を引いておきたい。この松下からの引用によって、私の「大正イデオロギー」論の射程がどこに及ぶものであるかを読み取っていただきたい。

> しかも、テクノロジーの発達と大衆文化の下降定着は、各社会層の意識形態を平準化せしめていくとともに、国民的伝統、国民的利益、国民的使命において国民的公分母を確保し、ここに〈大衆〉の同調性が亢進する。……この〈大衆〉的同調性の内部に政党対立自体が吸収

され、被支配層政党は急速に体制へと転化していく。

このような大衆的熱狂による政治的自由の完全な破壊をもっとも強烈に制度化したのがファシズムであった。ファシズムは政治的自由を完全に弾圧したが、けっして支配者（指導者）と被支配者（民衆）の一致という意味でのデモクラシーに対立したのではなかった。むしろ組織され、制度化された大衆的喝采《アクラマチオン》によって、ファシズムは支配を貫徹する。

しかも、国家と〈大衆〉とのデモクラシーを媒介とする意識形態上の接近は、独占段階における帝国主義戦争の危機によって自乗化される。ことに独占段階における戦争が、物的・人的資源を総動員する「全体戦争」として存在する以上、ナショナリズムは国民動員のために、一人一人の胸の奥にまであらゆる心理的コミュニケイション技術を総動員して、刻みこまれなければならない(7)。

松下はこれを昭和の天皇制的ファシズム国家の成立を念頭にして書いているのか。そうではない。ヨーロッパの近代国家の「大衆国家」への、さらにその「全体主義的国家」への変質を書いているのである。われわれがここに昭和日本の「全体主義的国家」としての成立を読むことができきるのは、一九二九年生まれの松下における「全体主義的国家日本」の体験がその記述に浸透しているからだろう。私は松下の「大衆国家」論のこの記述を、むしろ積極的に昭和日本の「全体主義国家」化の記述として読むべきだといいたい。ということは、「大正」に日本資本主義の独占段階における「大衆社会・国家」の成立を見ることによってはじめて、「昭和」における「全体主義的社会・国家」の成立を理解することができるからである。

だが松下は「大衆社会」への移行の条件を戦前日本はすでに具えていながら、太平洋戦争の遂行がその移行を妨げたといい、「全体戦争」という遺産のうえに戦後日本において「大衆社会」ははじめて成立するというのである。

(戦前日本に大衆社会への移行の三条件はすでに具えられていたのだが)天皇制の政治的強圧によってそれがはらむ問題性を十分展開することができなかったけれども、いわゆる帝国主義戦争たる太平洋戦争をまがりなりにも「全体戦争」として遂行しえたのはこれらの三条件があったからこそである。すなわち生産・消費のマンモスのごとき統制・配給機構の成立、前線・銃後への人口の巨大な大量動員、マス・コミュニケイションの駆使と言論統制をともなった国民精神総動員、翼賛政治運動というかたちで、天皇制ファシズムは、形態学的には天皇制「全体国家」として成立していったのである。この「全体戦争」こそが実に、戦後急速に日本を大衆社会化する諸条件の成熟に拍車を加えていたのであり、この「全体戦争」の遺産のうえに大衆社会は成立する(8)。

戦後日本における「大衆社会」の成熟的な成立過程をいう松下のこの記述は重要である。この記述は私がいうように大正から昭和初期の戦前日本における「大衆社会」の早期的成立をむしろ証明している。

松下は「大衆社会」成立の三条件をいう。第一は人口のプロレタリア化の急速な進展（人口構造の大衆化）である。第二はテクノロジーの発達による交通・情報網の拡大（大衆文化・都市的生活様式の普及）である。第三は普通選挙（大衆の政治参加）である。松下はこれらの三条件は大正・昭和戦前期にはすでに具えられていたといっている。この三条件を具えながらも「大衆社会」は戦前期には成立せず、「全体戦争」を経過してはじめて戦後日本に成立すると松下はいうのだが、私はむしろこの三条件を具えて「大衆社会」は大正・昭和初期に早期的に成立したと見るべきだと考える。戦前日本に「大衆社会」が成立していたゆえに、松下の言葉を借りていえば、日本は「まがりなりにも全体戦争」を遂行しえたのではないか。松下が「全体戦争」遂行の三条件としていっているのは、「大衆社会」成立の三条件が「全体戦争」の遂行条件として成熟したことをいっているにすぎない。そしてさらに松下は「全体戦争」による三条件の成熟が、戦後における「大衆社会」の成熟した成立をもたらすといっていることからすれば、松下のこれらの記述は、その意図に反して「大衆社会」の戦前期日本における早期的成立を証明してしまっているのである。

私は「東京騒擾」から始まる成田の『大正デモクラシー』を読んで、「大正デモクラシー」論とは「大正・大衆社会」論ではないのかと思った。「民衆騒擾」から、「社会問題」「社会改造」「社会政策」論の成立、「大衆文化」「都市的生活様式」の成立などなど。「大正」という時代を記述することは、「大衆社会」の成立過程を記述することではないのか。私が「大正デモクラシー」論を「大正・大衆社会」論として読んでいったことの、あるいはそう読もうとしたことの動機として松下の「大衆社会」論が予め私にあったわけではない。松下の論は私の問題関心を事後的に根拠付け、論証し、「大衆社会」論的に問題を整理するためのものとしてあったのである。それは私の問題関心を事前に動機づけるものとしてあったのではない。私の「大正・大衆社会」論的問題関心を動機づけたのはハンナ・アーレントの「全体主義」論であった。「全体主義運動は大衆運動であり、それは今日までに現代の大衆が見出し自分たちにふさわしいと考えた唯一の組織形態である(9)」というアーレントの「全体主義」論を読みながら私は、昭和日本の全体主義的ファシズム成立の前提条件をなすような「大衆」と「大衆社会」とは何かを考えてきた。成田の『大正デモクラシー』は最初の答えを私に与えてくれたのである。

「大正」が「大正デモクラシー」と呼ばれる新たな政治的、社会的な特質をもった時代であるのは何よりも、その生存条件にかかわる局面ではいつでも騒擾主体となるような不特定の社会的集合体「大衆」の成立によるものであることを成田は教えてくれた。そこから私は、「この「大衆」の存立から社会問題が生まれ、政治が問われ、政治的遂行とその形態の変容が促されていくのではないか。「大衆」の存立が社会問題そのものを構成していくような「大正」とは「大衆社会」の成立の時代だというべきだ」という答えを導いたのである。

もし「大正」に「大衆社会」の早期的成立を認めるならば、日本という近代国家社会は市民的国民の形成を見届けることなく、大衆《マス》的国民の時代に奔流のごとく入っていったことを意味するだろう。「大正」とはそういう時代であったのではないか。「大正」を「大正デモクラシー」としていうのなら、それは「大衆」の成立と不可分なデモクラシーであったというべきだろう。その「大衆」が全体主義的国家の「大衆」になるのは「大衆デモクラシー」によってである。私はここで「大衆デモクラシー」の概念を松下から借りている。「ファシズムは政治的自由を完全に弾圧したが、けっして支配者（指導者）と被支配者（民衆）の一致という意味でのデモクラシーに対立したのではなかった。むしろ組織され、制度化された大衆的喝采《アクラマチオン》によって、ファシズムは支配を貫徹する。」ファシズムは「制度化された大衆的喝采（大衆的デモクラシー）」によってはじめてその支配を社会的に貫徹するのである。

松下は「大衆デモクラシー」を一九三〇年代のヨーロッパのこととして語っている。だが大正に「大衆社会」の成立を見る私は、昭和の「全体主義」の成立の中に「大衆デモクラシー」を見るのである。それは一九三〇年代の日本のこととして語られてよいのだ。たしかに「大衆的喝采」なしには「全体主義」は成立しない。国民的歓呼なしには「総力戦」は遂行できない。昭和の「全体主義」は大正から生まれ出たのではないかと私はいった。私がここまで「大正」をめぐって書いてきたことは、たとえこのことを論証するものではないとしても、「大正」が読み直さればならない理由にはなるだろう。「大正」を読み直すことは、「昭和」を、戦前の「昭和」だけではない、戦後の「昭和」をも読み直すことになるのである。

注

(1) 今井清一『大正デモクラシー』『日本の歴史』第二三巻、中央公論社、一九六六。なおこの巻に先立つ第二二巻は、日清・日露戦から明治の終焉にいたる『大日本帝国の試練』(隅谷三喜男、一九六六)である。

(2) 松尾尊兊『大正デモクラシー』日本歴史叢書、岩波書店、一九七四。後に岩波現代文庫(二〇〇一)に収録された。この書は三谷太一郎『大正デモクラシー論』(中央公論社、一九七四)、鹿野政直『大正デモクラシーの底流』(日本放送出版協会、一九七三)とともに大正期研究の基本文献とされている。

(3) 松尾は『日本史文献事典』(弘文堂)の自著の解説中でそういっている。

(4) 松尾「はしがき」『大正デモクラシー』。

(5) それらの市民講座における私の読み直しは、『日本ナショナリズムの解読』(白澤社、二〇〇七)『「近代の超克」とは何か』(青土社、二〇〇八)『和辻倫理学を読む』(青土社、二〇一〇)『日本人は中国をどう語って来たか』(青土社、二〇一二) にまとめられ、出版されていった。
(6) 松下圭一「大衆国家の成立とその問題性」『現代政治の条件』中央公論社、一九五九。
(7) 引用は前掲松下「大衆国家の成立とその問題性」より。
(8) 松下「日本における大衆社会論の意義」『現代政治の条件』所収。
(9) ハナ・アーレント「全体主義」『全体主義の起原』3、みすず書房、一九七四。

2

「大逆事件」とは何であったのか

――田中伸尚『大逆事件――死と生の群像』を読む――

原事件は、一審にして終審であり、審理は非公開で、国民にその内容を知らせず、弁護人請求の証人は一人として採用されず、全部これを却下し、判決六日目に死刑判決の半数の十二名の死刑執行をし、その後も三十五年間、闇の中に閉ざして、国民の批判を恐れてきた異常な事件である。

——再審請求・弁護人「意見書」

1　なお「大逆事件」はある

坂本清馬は、「大逆事件」で死刑判決を受け、恩赦によって無期に減刑された一二人の事件連座者の一人である。秋田監獄に収監されている時期から坂本は再審請求の可能性を追求していた。一二人の減刑者のなかで坂本はもっとも遅く昭和九（一九三四）年に仮出獄を許された。出獄後の厳しい監察下で彼は再審請求の可能性を追求し続けた。戦後になって坂本は弁護士森長英三郎の献身的な助力もえて、森近運平（死刑）の妹栄子《ひでこ》とともに再審請求を東京高裁に起こすことができた。それは昭和三十六（一九六一）年一月十八日であった。その日は「大審院が二四人に死刑判決を言い渡した日からちょうど五〇年後であった」と田中伸尚《のぶまさ》は書いている(1)。

東京高裁における坂本らの再審請求にかかわる審尋が始められたのは昭和三十八（一九六三）年九月になってである。裁判長は長谷川成二であった。弁護団側は審尋の公開を要請した。だが長谷川裁判長はそれを認めなかった。坂本ら二四人に死刑判決を下した明治の大審院法廷と同じように、昭和戦後の再審請求の法廷もまた扉を閉ざしたままの非公開の裁判であった。昭和戦後の東京高裁は国民から隔てられた閉じた法廷でもう一度「大逆事件」を審議したのである。日本の法廷は「大逆事件」を二度非公開で審議し、その真相を法廷内に閉じ込めてしまったのである。

田中の『大逆事件』によって昭和戦後日本の非公開の法廷における裁判長による尋問の様子を知って、私は驚きとともに恐怖を覚えた。長谷川裁判長は再審請求人坂本にこういう質問をしている。

……請求人は無政府共産主義を信奉していたようだが、そういう立場は当時（仮出獄後）も続けていたのか。

「大逆事件」の再審請求によって始められた昭和戦後日本の法廷は、明治の大審院裁判が思想弾圧裁判であったことの本質そのままに、もう一度ここで請求人の〈無政府共産主義〉的立場の認定から始めているのである。また森近運平の妹栄子への尋問（一九六四年一月）で長谷川裁判長はこう訊いている。

社会主義というのはその当時どういうものかということは、もち論判らなかったと思いますけれども、人にいやがられるような運動だと思ったことはありませんでしたか。

私はこれを読んで慄えあがるような恐ろしさを覚えた。これは五〇年前の思想裁判的尋問をもう一度やり直しているのではないか。兄運平が処刑されたとき栄子は十三歳であった。それから五〇余年後、六十七歳の栄子は兄運平の社会主義思想についてもう一度問われているのである。こうした審尋からなる再審請求裁判とは、「大逆事件」裁判を戦後日本の法廷がもう一度やり直したことを意味している。心臓病で入院中の坂本のもとに東京高裁の再審請求棄却の決定が届いたのは、一九六五年十二月十日であった。なぜ棄却なのか。棄却の理由としてこういうことがいわれている。

> 坂本は検事調書、公判供述を通じ一貫して大逆の犯意を否定しているが、明治四十一（一九〇八）年十一月「平民社」で幸徳から逆謀を告げられて同意し、決死の士を集めることを同意したという事実は、幸徳らの予審調書などを総合してこれを認めることができる。また坂本は受刑中も無罪を主張していたが、判決後の行動においては同人の無罪を推認させる有力な証拠は見られない。（要旨）

この棄却決定理由を見れば、戦後日本の東京高裁は「大逆事件」の裁判をもう一度やり直したのである。すなわちこのでっち上げ事件のでっち上げ的予審調書[2]などをたどり直して坂本の死刑判決に間違いないことを判定し直したのである。「大逆事件」を戦後日本の法廷はもう一度審査し、再審の請求人は「大逆事件」の有罪者であることを再確認したのである。

最高裁の大法廷は昭和四十二（一九六七）年七月五日、「大逆事件」再審請求の特別抗告を棄却することを全員一致で決定した。裁判長は横田正俊であった。日本の裁判所は半世紀をこえて否定され続けてきた再審請求人の人権を回復させるよりも、日本の国家的、司法的体系が再審によって揺るがせられることを拒んだのである。〈民主主義〉国家日本の最高裁は国民の人権よりも、明治以来の国家的司法体系を優先させたということである。明治四十四（一九一一）年一月十八日の二四人に死刑を言い渡した大審院判決は、昭和四十二（一九六七）年に戦後日本の最高裁によって追認されたのである。「大逆事件」はなお「大逆事件」であり続けているのである。

戦後日本の〈民主主義〉的国家・社会とは、「大逆事件」が「大逆事件」としてあり続けることを許している国家・社会であることをわれわれは知らなければならない。

2 『大逆事件――死と生の群像』

田中伸尚は「大逆事件」の連座者たち、死刑判決によって直ちに死刑に処せられた一二名、死刑の判決後無期に減刑された一二名、そして爆発物取締罰則違反で有期刑とされた二名を含む二六人の連座者たちとその家族や類縁者たちのその後、すなわち八〇年をこえるその後をたずねていった。「私が、彼らの遺族やその周辺をめぐる旅――それを私は「道ゆき」と名づけた――を少しずつ始めたのは一九九七年ごろからだった」と田中は「あとがき」に書いている。「大逆事件」の現在にいたる八〇年をこえるその後を田中は書いていったのである。彼は「大逆事件」とは何かを書こうとしたのではない。彼は「大逆事件」とは日本社会において何であったのかを書くことによって、「大逆事件」という恐るべき〈事件〉の本質を明らかにしていったのである。

田中はその著書『大逆事件――死と生の群像』の「プロローグ」を女性史家今川徳子の小学校時代の記憶から書き出している。岡山の森近運平の生家がある高屋町の小学校（当時国民学校）の六年生であった今川徳子は、終戦の翌年一九四六年の十二月か翌年の初めごろ友達三人で郷土の人「森近運平」についての「卒論」を書こうとした。彼女たちは森近運平の名を「大逆事件」の連座者として知っていたわけではもちろんない。たまたま同郷の人森近の名を父のもつ書中に見つけ、彼をめぐる聞き取り調査で「卒論」を書こうとしただけだという。それと運平の妹栄子を「おばちゃん」と呼んで日ごろから親しくしていたことも、その理由であった。今川たちは町の誰れかれと無く、特にお年寄りに「運平さんてどんな人だったか」をたずねて歩いた。だが運平さんのことになると誰もが黙ってしまった。「何で今頃そんなことを訊いてまわっているんだ」と強い口調でいわれたこともあった。今川たちは日ごろから「おばちゃん」と呼んで親しくしていた運平の妹栄子に直接話を聞くことにした。子供たちの口から「運平」の名が出るのを聞いて戸惑った栄子は、しばらくして涙を目に溢れさせて呟いた。「運平さんはね、お国に殺されたんだよ」と。

町中に張りめぐらされた沈黙の壁によって、出口がみつからないままに訊ねて歩きまわった記録と、彼女たちには解きがたい、しかし膨らんでくる疑問とを五〇枚の卒論にまとめた。「町の人たちの沈黙の理由もよく分からず、「おばちゃん」のぽたぽた落ちる涙と「運平さんはお国に殺された」という言葉とが、私の中に澱《おり》のように残ってしまいました」と今川はいっている(3)。

今川たちが高屋の人びとに「運平さんとは誰か」を訊いてまわったのは終戦から間もない一九四六年のことであった。高屋の町の人びとが「森近運平とは誰れ？」という子供たちの問いに沈黙をもって対したことは、まだその時期ならばわれわれにも分かる。だが「大逆事件」から半世紀後の再審請求によって「事件」とその連座者森近運平についての地元の見方も変わり、『井原市史』においても歴史上の人物として森近運平の事蹟が記されるようになった時期になっても、高屋の人びとはなお運平について沈黙をし続けているという。地元で「森近運平を語る会」を続けている久保冨美子は二〇〇八年四月の墓前祭の後にこう語っている。

私も墓前祭には、だいたい毎年出ていますが、高屋からの出席者はありません。……「大逆事件」は運平さんだけでなく、高屋全体が巻き込まれたという思いが、今も変わらずにある

ようです。やはり国家が処刑したという事実は、閉鎖性の強い地域では長く重くのしかかってきたのではと、思います。(4)

「事件」後一世紀にもなろうとする時期の森近運平の地元高屋の町の人びとの沈黙は、日本社会のわれわれの沈黙というか、意識的、無意識的にこの「事件」をあえて見ることをせずに歴史の中に置き去りにしてしまっているあり方を集約しているように私には思われる。田中伸尚は彼が「道ゆき」という「事件」の連座者の遺族やその周辺を尋ね行く旅を一九九七年ごろに始めた。その「道ゆき」の途中で市民運動をしている知人に、「今さら、どうして「大逆事件」？みんな知っているでしょう?」と訊かれたという。だがそう訊いた知人が例外であるわけではない。恐らく多くの人が、私も含めて、「今さら、どうして「大逆事件」なの?」と訊いたかもしれないのだ。その知人は「大逆事件」はもう知っていると思っていた。私もそうだ。だが田中のこの書を読んで、私は「大逆事件」を何も知らなかった、あるいは知ろうともしなかったことを痛切に思い知らされたのである。

なぜ私は知ろうともせずに、知ったつもりでいたのだろうか。私の認識志向を抑制する何かがあったのだろうか。「大逆事件」という「事件」の重石が無意識的に私の目と耳と口とを塞いでしまっていたのだろうか。すでに記したように最高裁は昭和四十二(一九六七)年七月五日に「大逆事件」再審請求の特別抗告を棄却することを決定した。これによって明治末年の「大逆事件」は戦後日本にも「大逆罪」を構成する国家犯罪的事件として、その冤罪性が法廷で問われることなく、国家的冤罪性への問いを封じる形で存在し続けることになってしまったのである。これは戦後日本の最大の国家的・司法的スキャンダルといってもよい。戦後日本の〈民主的〉国家としての再出発のいい加減さをわれわれは随所に見ているが、「大逆事件」が「大逆事件」としてあり続けていることは、このいい加減さを根底的に示すものではないだろうか。だが「大逆事件」が戦後日本でなお「大逆事件」であるようにさせてしまっているのは、「事件」を歴史の中に置き去って、目と耳と口とを塞いでしまってきたわれわれの意識的、無意識的な忘却によることだといえなくもない。「大逆事件」を「大逆事件」としてあり続けさせている戦後日本の〈民主的?〉国家形成の加担者としてわれわれはあるのではないか。田中の『大逆事件——死と生の群像』は事件の連座者とその遺族たちの死にいたるまでの排除と監視と抑圧の八〇年、いや一世紀を記して、「大逆事件」とは日本社会にとって何であったか、「大逆事件」をなお「大逆事件」であらしめている日本社会とは何かをわれわれに痛切に考えさせるのである。

3　一人の連座者の死

明治四十四（一九一一）年の大審院判決で死刑を言い渡され、無期に減刑された連座者に小松丑治がいる。「大逆事件」の多くの無名の連座者の一人である。小松は同じ連座者の岡林寅松と高知の小学校の同級生であった。二人は早くから幸徳秋水や堺利彦の『平民新聞』の読者であり、彼らが同紙上で展開する非戦論の共鳴者であった。二人は神戸の海民病院の職員として勤めながら、神戸平民倶楽部を作り、社会主義の研究会活動を始めていった。二人は秋水や枯川の非戦論に共鳴し、彼らによって社会主義を学び、社会主義的志向を強めていった日露戦後の青年であった。その小松らが「大逆事件」の連座者と見なされて逮捕されたのである。それは『無政府共産』を地下出版していたアナーキストの禅僧内山愚童（死刑）との神戸訪問時の会話によるものであった。二人は起訴するに足る証拠がないまま、しかし強引に起訴され、大審院の法廷で裁かれることになった。起訴するに足る証拠もなかったこの二人に大審院の法廷は死刑の判決を下したのである。二人は死刑判決ののちに無期に減刑された。これは「大逆事件」が社会主義とその主義者の殲滅をはかる見せしめ的な思想弾圧事件であったことを端的に示すものである。

小松丑治は長崎監獄で無期の刑に服した。小松が仮出獄で神戸の自宅にもどったのは昭和六（一九三二)年五月一日であった。獄中二〇年であった。妻はるとの二〇年ぶりの再会を「大阪朝日」は大きく報じた。丑治は記者に、「私など単に神戸にあって平民新聞を読んだり社会主義を研究していたばかり……何のためにやられたのか本当はよく判らないのです」と語ったという。だが丑治とはるとのその後の、まさしく昭和十五年戦争の戦時下の生活は辛酸をきわめるものであったという。田中が手紙などによって当時の生活についての妻はるの語りとして再構成していっている。

仮出獄後、丑治にはどこへ行くにも厳しい特高の眼があり、身体もすっかり弱っていて働き口もなく、次第に外出するのも気が重くなったようです。……戦争が苛烈になり、生活はますます苦しく、食べるものがなく、他家が捨てた残菜を拾って食事の足しにしたこともあります。……戦争が終わった年の十月四日、丑治が亡くなりました。栄養失調で……。七十歳でした。(5)

丑治の出獄を待ちつづけ、出獄後の丑治を支えていった妻はるは昭和四十二(一九六七)年に亡くなった。連座者の遺族の消息を求め、その救済に努めた弁護士森長英三郎は晩年のはるの様子をこう語っている。「ながい年月、いためつけられた老女という以外形容のしようもない……

いまも大逆罪におびえているのである。言葉も、のどの奥からかすかに洩れるだけ」だと。

これを読んでわれわれは何を思えばよいのだろうか。「大逆罪」は一二人の連座者の死を直ちにもたらしただけではない、仮出獄者に、出獄者だけではないその類縁者にも苦しい無残な生を強いて、最初の死刑判決をその周縁に拡大しつつ究極的に実行してしまったのである。大審院が二四人に死刑の判決を下したとき森近運平は二十九歳であった。坂本清馬は二十五歳、小松丑治、岡林寅松はともに三十四歳であった。日本の社会主義はかれらの中に思想的成熟をもたらすことなく、ほとんど萌芽のうちに千切りとられ、縊り殺されたのである。「大逆事件」が戦後日本でなお「大逆事件」であり続けているように、社会主義を縊り殺そうとした国家犯罪の大きな傷跡はいまも癒えることがないように私には思われる。「大逆事件」から一世紀後の日本は社会主義をその政党とともにほぼ消滅させてしまったのである。

4　啄木の証言的記録

石川啄木に「大逆事件」の発端からの経過を当時の新聞記事・論説によって詳細に辿った「日本無政府主義者陰謀事件経過及び附帯現象」という彼以外の誰もしなかった「事件」の証言的記録がある。なぜ啄木によるこの証言があるのかは次の私の課題であるだろう。ここではこの証言的記録によって「大逆事件」の経過を見てみたい。

明治四十三年六月五日、この日の諸新聞にはじめて「本件犯罪の種類、性質に関する簡短な記事出で、国民をして震駭せしめたり」として、啄木は東京朝日新聞の記事を要約し紹介している。[6]

東京朝日新聞の記事は「無政府党の陰謀」と題し、一段半以上に亘るものにして、被検挙者は幸徳の外に管野すが、宮下太吉、新村忠雄、新村善兵衛、新田融、古川力蔵（作）の六名にして、信州明科の山中に於て爆裂弾を密造し、容易ならざる大罪を行はんとしたるものなる旨を記し、更に前々日の記事（幸徳拘引）を補足して、幸徳が昨（四十二）年秋以来……表面頗る謹慎の状ありしは事実なるも、そは要するに遂に表面に過ぎざりしなるべしと記載し、終りに東京地方裁判所小林検事正の談を掲げたり。

啄木はここで小林検事正の談話を引いている。これは「事件」について検察当局の担当者がもった見通しとして重要である。

今回の陰謀は実に恐るべきものなるが、関係者は只前記七名のみの間に限られたるものにして、他に一切連累者なき事件なるは余の確信する所なり。されば事件の内容及びその目的は未だ一切発表しがたきも、只前記無政府主義者男四名女一名が爆発物を製造し、過激なる行動をなさんとしたる事発覚し、右五名及連累者二名は起訴せられたる趣のみは本（四）日警視庁の手を経て発表せり。

啄木がここに小林検事正の談話を記録したことは何を意味するのか。この爆発物の製造・実験をめぐる無政府主義者の未発のテロ事件、検察当局の担当検事が事件関係者は幸徳ら七名を出ないといっていた事件が、東京から信州、大阪、紀州、熊本の社会主義者を包括する反天皇制的国家的事件「大逆事件」になっていく過程を啄木は確かにみすえているからである。

啄木はこの証言的記録をいつ作成したのか。啄木の「年譜[7]」によれば、明治四十四（一九一一）年一月二十三日に「幸徳事件関係記録の整理に没頭」したとある。大審院が二四人に死刑の判決を言い渡したのが一月十八日である。その日に先立つ一月三日に啄木は友人である平出修（事件の弁護人）から幸徳が弁護人に送った「陳弁書」を借り受けて読んでいる。その数日後（九日）に啄木は旧友瀬川深宛に「自分を社会主義者と呼ぶことを躊躇してゐたが、今ではもう躊躇しない」といっている。啄木は無政府主義的テロリズムが社会主義と等置されながら、あの〈爆弾テロ事件〉が日本における社会主義思想の国家的排除をめざす政治的弾圧事件「大逆事件」に転化したことを見ているのである。しかも「事件」のこの転化を国家権力とともに推進しているのは〈新聞〉であることを啄木は見抜いているのである。小林検事正の談話を載せた東京朝日の同じ記事中にはこういうことが書かれていると啄木は証言する。

同人（新村忠雄）は社会主義者中にありても最も熱心且つ過激なる者なるより、自然同地（長野県屋代町）は目下同主義者の一中心として附近の同志約四十名を数へ居る事、及び現在日本に於ける社会主義者中、判然無政府党と目すべき者約五百名ある事を載せたり。

東京朝日新聞はあたかも検察当局とともに社会主義者捜しをやっていると啄木は証言しているのである。そして同年六月二十一日、東京朝日新聞は「無政府主義者の全滅」という記事を掲載した。

和歌山に於ける大石、岡山における森近等の捕縛を最後として、本件の検挙も一段落を告げたるものとなし、斯くて日本に於ける無政府主義者は事実上全く滅亡したるものにして、第二の宮下を出さざる限りは国民は枕を高うして眠るを得ん云々の文を掲げたり。

これを読めば「大逆事件」を作り上げていったのは山県有朋・桂太郎・平沼騏一郎といった国

家権力中枢の人物たちだけではない、新聞などマスメディアの側もそれに一役も二役も買っているのである。「大逆事件」とは新聞情報が大衆的意見形成に大きな意味をもつ時代の始まりを告げるような国家的な事件であったといえるだろう。啄木は社会主義概念を反国家的、反皇室的な危険思想として大衆に定着せしめる上で新聞が果たした役割の大きいことをいうのである。「無政府主義者の全滅」をいう東京朝日の記事を紹介した後で啄木は「社会主義」概念をめぐっていっている。

> 本件は最初社会主義者の陰謀と称せられ、やがて東京朝日新聞、読売新聞等二三の新聞によりて、時にその本来の意味に、時に社会主義と同義に、時に社会主義中の過激なる分子てふ意味に於て無政府主義なる語用ゐらるるに至り、後検事総長の発表したる本件犯罪摘要によりて無政府共産主義の名初めて知られたりと雖も、社会主義、無政府主義の二語の全く没常識的に混用せられ、乱用せられたること、延いて本件の最後に至れり。……而して其結果として、社会主義とは啻に富豪、官権に反抗するのみならず、国家を無視し、皇室を倒さんとする恐るべき思想なりとの概念を一般民衆の間に流布せしめたるは、主として其罪無智且つ不謹慎なる新聞紙及び其記者に帰すべし。

啄木は同年九月二十三日付東京朝日の「京都の社会主義者狩」の記事を紹介している。その冒頭に「社会主義者に対する現内閣の方針はこれを絶対的に掃蕩し終らずんば止まじとする模様あり」という記者の感想が記されている。この記者の危惧通りに「事件」は進行し、社会主義者の息の根を止めるような、社会主義者に「大逆罪」という究極的な罪科を負わせるような「大逆事件」が作られていったのである。

日本の二十世紀的現代は社会主義に「大逆罪」という罪科を負わせて始まったのである。われわれはこの始まりを、「大逆事件」を歴史の中に置き去るとともに忘れている。田中の『大逆事件――死と生の群像』は、われわれの「事件」の忘却が「大逆事件」をなお存続せしめている現代日本の国家体制を共犯的に作り出しているのではないかという痛切な反省を私にもたらした。「大逆事件」は社会主義の〈冬の時代〉を大正にもたらしただけではない。「大逆罪」という社会主義に負わせた罪科は日本社会のトラウマとなって、その思想の社会的成立も成熟も内部的に妨げてきたように思われる。現代日本で社会主義がその政党とともにほぼ溶解してしまった現実を、社会主義に「大逆罪」の罪科を負わせて始まった二十世紀日本現代史の帰結として見ることができるのではないか。もしそうであるなら、われわれは田中の「道行き」に同行して、「大逆事件」を持ち続けてきた日本の国家社会が刻んだ無残な傷痕を見つめることから社会的公正と共生の思想・社会主義の再建を考えるしかない。すでに石川啄木は社会主義をその主義者とともに掃蕩することをめざす「大逆事件」に正面しながら己れの社会主義を問い直し、社会主義者であることの自覚をあえて友に告げようとしたのである。

注

(1) 田中伸尚『大逆事件――死と生の群像』岩波書店、二〇一〇。本稿における「大逆事件」をめぐる記述は田中氏のこの労作によっている。また田中氏の「大逆事件」をめぐる講演の記録「自由と抵抗をめぐって――「大逆事件」の現在」(『わだつみのこえ』一三三号、二〇一〇年十一月)からも多くのことを教えられた。

(2) 幸徳秋水は東京監獄の監房から弁護人宛に「聞取書及調書の杜撰」という陳弁書を送っている。「検事の聞取書なるものは、何と書いてあるか知れたものでありません。……大抵、検事が斯うであらうといつた言葉が、私の申立として記されてあるのです。多数の被告に付いても、皆な同様であつたらうと思ひます。其時に於て予審判事は聞取書と被告の申立と孰れに重きを置くでせうか。」(『幸徳秋水全集』第六巻)この秋水の弁護人宛の手紙は石川啄木の「A LETTER FROM PRISON」に収められている。

(3) 今川の文章は田中『大逆事件――死と生の群像』から引いている。

(4) 引用は田中『大逆事件――死と生の群像』による。

(5) 田中『大逆事件――死と生の群像』。

(6) 石川啄木「日本無政府主義者陰謀事件経過及び附帯現象」『啄木全集』第一〇巻(岩波書店、一九六一)所収。

(7) 「年譜」『啄木全集』別冊「啄木案内」所収、岩波書店、一九六一。

3

「大逆事件」　その物語と証言

そもそも大逆事件では不十分な容疑のうちに二十四人を起訴して、その半数を絞首台にのぼし、残りの半数を無期懲役にして獄中で病死や狂死させたという事実の外は、こういう刑罰を加えられる理由となる事実の確証は何も示されなかったというのが、今日の良識であろう。

佐藤春夫『わんぱく時代』

1　『日本文壇史——大逆事件前後』

伊藤整の『日本文壇史』第一六巻は「大逆事件前後」のタイトルをもっている。ただこの巻は昭和四十四（一九六九）年十一月に亡くなった伊藤整の遺著であって、その出版は瀬沼茂樹によってなされた。瀬沼は伊藤の『日本文壇史』執筆作業を継承し、これを完成させた。第一六巻の「あとがき」も瀬沼によって書かれている。彼はそこでこの巻が「大逆事件前後」のタイトルをもっている理由をこう説いている。

おそらく大逆事件は近代日本の命運をトするに足る重大事件であったばかりでなく、その関係者は多く明治の文学者としての性格をもって終始するところがあった。この意味で、大逆事件は文壇史上の一大事件である。伊藤君がその真相を究めるために、異常な努力を費やしたのは極めて自然なことである。[1]

私はこの「あとがき」を予め読んでいたわけではない。ただ「大逆事件前後」と題された『日本文壇史』のこの巻とは、「大逆事件」がもたらした文壇的衝撃を伝えるものと勝手に思い込んで購入したのである。だがこれを手にして読み始めた私は、それが全くの思い違いであることをすぐに知らされた。伊藤は「大逆事件前後」と名づけたこの巻で「大逆事件」の何を一体書こうとしたのか。

この巻の第一章は新帰朝者永井荷風の文学的出発から始められている。伊藤はこう書き始める。「荷風永井壮吉は明治四十二年の十二月から翌四十三年の二月にかけて、小説「冷笑」を「東京朝日新聞」に連載した。」そして伊藤は明治末年の日本文壇に登場するこの異風の作家を、「荷風は異性との性の体験を美しい楽しい願望として、生き甲斐として公然と追い求める人物を描いた最初の作家であった」と紹介するのである。この新帰朝者荷風をめぐる第一章は、荷風が谷崎潤一郎らと出会う明治四十三(一九一〇)年十一月の「パンの会」大会の様子を綴る本巻最終の第九章に対応しているようである。「情緒的、唯美主義的な芸術家サロン」としての「パンの会」は、「この年には『三田文学』『新思潮』という都会出身者を中心とする美意識の強い文士たちの集まる雑誌が出たので、それをパンの会の運動に合流させることも」狙ってこの大会を催したのだと伊藤は書いている。これが「大逆事件前後」という第一六巻の首章であり終章である。

荷風が東京朝日に『冷笑』の連載を始める明治四十二年十二月に先立つ十一月三日に、宮下太吉は信州明科の山中で爆裂弾の試発に成功している。神崎清の作る「大逆事件略年表」[2]には「十一月三日　宮下、明科の大足山中で爆裂弾の試発に成功。平民社に通報したが、応答なし」とある。そして「パンの会」大会が開かれた明治四十三年十一月の翌月十日には、幸徳秋水ら二四人を裁く大審院の特別裁判が開廷する。まさしく「大逆事件」とは、明治末年の反自然主義の旗幟を掲げる新芸術派運動の華々しい生起と展開とそして慌ただしい終焉とが、その背後に隠しもっていた冷酷な時代の現実だといえるかもしれない。とするならば伊藤がこの巻の第二章から語っていく「大逆事件」とは、明治四十三年という時期の華やかな文壇史の暗い背景画をなすものであったのだろうか。「大逆事件」とは伊藤にとってはたして、瀬沼がいうように「文壇史上の一大事件であ」ったのだろうか。伊藤はどのように「大逆事件」を「日本文壇史」に書き入れていったのか。

2 「大逆事件」の書き入れ

秋水幸徳伝次郎が妻千代子を名古屋のその姉のところへ戻し、巣鴨から千駄ヶ谷九百三番地の小さな家に引越し、そこへ管野須賀子を呼んで同居をはじめたのは明治四十二（一九〇九）年の三月十八日のことである。(3)

『日本文壇史』第一六巻「大逆事件前後」の第二章を伊藤はこう書き出している。この書き出しは幸徳秋水と「大逆事件」とを『日本文壇史』という語りの世界に組み入れていく伊藤整特有の語り出しである。私はこれを文壇の動静欄的な書き出しといっておこう。『日本文壇史』のいずれの章もこういう書き出しで始められる。この書き出しをもって幸徳と「大逆事件」は『日本文壇史』に語り入れられていくのである。われわれはこの〈文壇史〉的語りの中で明治四十二年の東京千駄ヶ谷の小さな家に管野須賀子と同棲する孤立する社会主義者秋水に出会うのである。

秋水がその家で須賀子と同居したことが分ると、後輩の荒畑勝三が千葉監獄に入っているうちに、その妻を秋水が奪ったのだという醜聞となって、そのことは、社会主義者たちの間に伝わり、彼のところに立ち寄る仲間や後輩の数も目に見えて減り、彼の身辺には孤独の影が濃くなった。

伊藤は孤独の影を濃くする秋水の姿を記しながら、この秋水を要として形づくられていった〈直接行動＝爆裂弾〉的謀議の人脈と構成とを例の動静欄的手法で語っていく。

この年（明治四十一年）の十一月の中頃、秋水宅にいる森近のところに、愛知県にいる宮下太吉から手紙が来た。……「先ヅ爆裂弾ヲ作リ天子ニ投ゲツケテ、天子ヲ吾々ト同ジク血ノ出ル人間デアルトイフ事ヲ知ラシメ、人民ノ迷信ヲ破ラネバナラヌト覚悟」した、ということがその手紙に書かれてあった。……森近はその手紙を受け取ったが返事を出さなかった。森近は、爆裂弾製造などということを書いて来た宮下という青年のことを幸徳に語ったが、幸徳は宮下を知らないので、聞き流していた。

それから一週間ほど経った十一月二十二日、幸徳家に信州出身の新村忠雄という数え年二十二歳の青年が来ていた。新村忠雄は長野県屋代町出身で、小学校を出ただけであるが、大変頭のいい、そして何事にも真剣な青年であった。……ちょうどその日、紀州新宮の大石誠之助もまた上京して幸徳家に現われた。このとき大石誠之助は数え年四十三歳である。……幸徳は坂本清馬、森近運平、新村忠雄などを前にして大石に向い、近来の社会主義運動に対する当局の弾圧の激しさを語り、愚痴のようにもまた真剣のようにも受け取れる態度で、自分の気持を次のように語った。政府の我々に対する迫害はほとんど無茶苦茶で、手も足もでないほどである。一つこのあたりで奇抜な計画を立て、政府の奴等を驚かしてやりたいものだ。決死の仲間が五十人ぐらいもあれば、爆裂弾を作って暴力革命を起し、官庁を焼きはらい、富豪の富を奪って貧民に施し、余力があったら宮城に進んで無政府主義の政体を樹立するところまでやりたい。郷里に帰ったらひとつその仲間を作ってくれないか、と。

私は『日本文壇史』第一六巻の第二章をここまで読んできて、この本を投げ出した。これは一体何んだ。これは「大逆事件」裁判の供述調書を『日本文壇史』に投げ入れ、脚色し、〈文壇史〉的な語り直しをしているだけではないのか。伊藤は明治日本の国家・司法権力が作り上げていった「大逆罪」としての「事件」の構成《ストーリー》を疑っていない。彼はこれにしたがって〈文壇史〉的「大逆事件」を語り出してしまっているのである。瀬沼は「伊藤君がその真相を究めるために、異常な努力を費やした」といっているが、彼はいかなる真相を究めようとしたのか。幸徳における孤独の心理の真相だろうか。彼が求めたのは「事件」を動静欄風に語り直すための材料だけだろう。ひどい話だ。

昭和四十（一九六五）年十二月に東京地裁は「大逆事件」の再審請求の棄却を決定し、さらに最高裁は昭和四十二年七月に特別抗告の棄却を決定した。明治四十四（一九一一）年一月十八日に幸徳ら二四人に死刑判決を下した「大逆事件」裁判は戦後日本でやり直しも、見直しもされることなく、そのままにあり続けることになった。まさしく伊藤整は「大逆事件」をそのままに『日本文壇史』に語り入れていったのである。

3　新宮における佐藤春夫

明治四十三年（一九一〇年）の三月、幸徳秋水等の爆裂弾事件が発覚する二ヶ月ほど前に、医師の大石誠之助が住んでいる和歌山県新宮町で、県立新宮中学校の第五回卒業式があった。その卒業生の中に佐藤春夫という数え年十九歳の少年がいた。この時佐藤少年は、この中学校の学校騒動に引き込まれて、大石誠之助一派にかぶれた危険な思想を抱く少年と見られていたため、危く退学になる筈のところを辛うじて卒業した。

伊藤は『日本文壇史』第一六巻・第五章をこう書き始めている。これを読んで私は第五章に先立つ明治四十一、二年の幸徳とその周辺を語る諸章は佐藤春夫を読み出すためにあったのかと思った。だが伊藤は「大逆事件」の新宮グループの中心大石誠之助についての動静欄的語りの中に若き佐藤春夫を書き入れただけであるようだ。伊藤は佐藤春夫に大石誠之助を介しての「事件」的証言者の意味を見ようとしているわけではない。私は「大逆事件」と新宮における佐藤春夫との関連を神崎清の『革命伝説』によって確かめようと思った。

山泉進は「神崎清の『革命伝説　大逆事件』は、「大逆事件」の全体像を描いた唯一の書物である」(4)といっている。だが「大逆事件」をめぐって考え始めた私はこの大著を最初から手にすることはしなかった。私はこの大著をあえて避けてきた。なぜ避けてきたのか。その理由は、「大逆事件」をどう考えるかという思想方法論にかかわることである。私があえて避けてきた『革命伝説』を手に取る必要を感じたのは、伊藤整の『日本文壇史』における「大逆事件」の文壇動静欄的語り方は、その反対側に神崎の〈革命伝説〉的な「大逆事件」の語りをもっているのではないかと思われてきたからである。では『革命伝説』において少年佐藤春夫とは何か。

神崎は新宮の少年佐藤春夫を〈革命伝説〉の記憶の保有者にしている。神崎の「大逆事件略年表」によれば明治四十一年七月二十五日〜八月八日、「(上京の途次)幸徳、和歌山県新宮町に医師大石誠之助を訪ねる。高木顕明、峯尾節堂、成石平四郎、崎久保誓一らの訪問をうける。大石らと熊野川に舟遊びをし、その時大石に爆弾の製法を聞く」とある。神崎はこの熊野川の舟遊びにおける幸徳らについての少年佐藤春夫の記憶をいっている。佐藤春夫の自叙伝風小説『わんぱく時代』から次の一節を引いて、これを少年春夫における「大逆事件」の記憶的証言とするのである。

島をめぐって船着きを求め、人々は舟中に残したまま社会主義者たち数人は同志の親睦をという幸徳とともに島に登り、あたりをはばかり、声をひそめて明科で密造の爆弾使用の方法を謀議して天皇暗殺の可否及びその手段について語っている時、老若二人のいかだ師が大石の姿を島の上に見つけ、いかだを乗り捨て島に登って一座に加わったと言われている。これが成石と崎山とのことであるらしい。(5)

神崎は佐藤の『わんぱく時代』からこの一節を引きながら、末尾の「これが成石と崎山とのことであるらしい」という一句を落としている。佐藤は「大逆事件」における熊野川亀島における幸徳らのいわゆる〈爆裂弾謀議〉の一節をどこからか引きながら、そこに『わんぱく時代』の親友崎山を書き入れているのである。この神崎が意図的に落とした末尾の一句にこそ、「わが少年期を過したふるさとの町と、その時代とを根も葉もあるうそ八百で表現したい」という、あるいは「虚構はわたくしにとっての真実を書くためのかくれ蓑である」(6)という「自叙伝的虚構談」の真骨頂があるといえるだろう。だが神崎はこれを少年佐藤春夫の記憶としている。「春夫少年の記憶は、熊野川の舟遊びから亀島に上陸して、虚無党奇談に出てくるような爆裂弾の使用法、天皇暗殺の密談を立ち聞きしているのである。(7)」だがこの記憶には爆裂弾の密造などの時期をめぐる錯誤がある。神崎はそれについて、「春夫少年の脳裏に刻みこまれた『大逆事件』には、時間の無視があり、事実と空想の混同が見られる」といいながら、それにもかかわらず少年春夫の記憶は、「政治権力者の犯罪的フレーム・アップとちがって、熊野川の舟遊びにうかんだ詩人春夫の革命的幻想は、少年期の反抗心・好奇心がとけこんだうつくしい結晶体でこそあれ、『わんぱく時代』の文学的価値をいささかもそこなうものではない」というのである。

神崎は「根も葉もあるうそ八百」という虚構的自叙伝の〈真実〉を読むことはできなかった。彼は『わんぱく時代』のあの熊野川の舟遊びの一節を少年春夫の記憶として〈事実化〉した。この記憶としての〈事実化〉は、幸徳らの舟遊びと亀島での社会主義者たちの密談の〈事実化〉を前提にしている。神崎にとって「大逆事件」の〈真実〉とは、いわゆる〈事実〉の国家権力との対抗的検証を通して明かされるものであったであろう。では彼の検証すべき〈事実〉とは何か。国家への対抗的検証者である神崎が目の前にすえるのは、司法権力によって「大逆罪」という罪状を構成するものとして列挙されていった〈事実〉である。神崎はこれを天皇制国家への対抗者として検証する。だがこれは危ない検証作業だ。たとえ対抗的検証者による〈事実〉の意味づけは異なっていても、この検証作業では〈事実〉は〈事実〉として措定されてしまうからである。神崎が少年春夫の記憶として〈事実化〉しながら検証しようとしているのは、明治四十一年の夏のある日幸徳が「大石らと熊野川に舟遊びをし、その時大石に爆弾の製法を聞く」と「年表」が記す「熊野川の密議」という〈事実〉についてである。ここには「大逆事件」の対抗的な〈事実〉の検証という何か根本的に誤った認識作業があるのではないか。この作業はもう一度「大逆事件」を対抗的に再構成することになってしまうのではないか。私がこの本質的な疑問を『革命伝説』

に投げかけるのは、佐藤春夫が『わんぱく時代』でいう次の言葉を読むことによってである。

そもそも大逆事件では不十分な容疑のうちに二十四人を起訴して、その半数を絞首台上にのぼし、残りの半数を無期懲役にして獄中で病死や狂死させたという事実の外は、こういう刑罰が加えられる理由となる事実の確証は何も示されなかったというのが、今日の良識であろう。そうして裁判の史実的記録として残っているものは、決して歴史的の事実ではなくて、当時の裁判官たちが二、三の事実を巨大に組み立てて、彼らの偏見が時代の先覚者たちを重刑に導くために都合よく構成した疑いのかなり多い筋書なのだから、僕はこれを決して厳正な史料としては認めないのである。(8)

4 『革命伝説 大逆事件』

神崎は『革命伝説 大逆事件①黒い謀略の渦』の第二章「労働者宮下太吉」で、天皇に対する直接行動の動機をめぐって書いている。そこには神崎のこういう言葉がある。

労働者宮下太吉が、まだ絶対的な安定感の上に立っていたこの天皇制にたいして、根本的なうたがいを持ち、暴力的な手段でその崩壊を早めようとしたさいしょの動機を明らかにすることは、いわゆる大逆事件の核心にふれる重大な問題である。

この神崎の言葉は読者を戸惑わせる。爆裂弾の製作者宮下太吉に天皇暗殺という直接行動を決意させるにいたった動機と動機形成の由来をさぐることは検察側取り調べの第一の課題であろう。ところが検察など司法権力への対抗的検証者である神崎もまた宮下における動機形成の由来を明らかにすることが、「大逆事件の核心にふれる重大な問題」だというのである。

これは一体何なのか。宮下における反天皇的直接行動の動機形成をめぐる検事らによってなされた取り調べ作業を、もう一度神崎が対抗的検証者としてしようとすることではないのか。事実神崎は「大逆事件」公判における被告の陳述を書きとめた弁護士今村力三郎の『公判摘要』にある宮下の陳述メモ、すなわち反天皇制的企ての動機形成をめぐる陳述メモにしたがって検事も判事もしなかった独自の検証作業をしていくのである。その陳述メモには、「此企ヲナシタルハ、煙山《けむやま》専太郎ノ『無政府主義』ヲ読ミ、早稲田大学ノ某ノ教ニテ森近ヲ大阪ニ訪問ス」とあった。神崎はこのメモにしたがって煙山の『近世無政府主義』（早稲田叢書、東京専門学校出版部刊）を探し求め、森近運平における天皇制をめぐる歴史批判の由来を早稲田の吉田東伍に求めたりしている。神崎の法廷的〈事実〉をめぐる検証作業のすごさをそこに見ることができる。神崎は宮下が森近を大阪の平民社に訪ねた日を、宮下の日記によって明治四十年十二月十三日であることを確認してこう書くのである。

日記の記事は、会談の内容にすこしもふれていないが、その重大性からいえば、日本の労働者が、天の岩戸をひらいて、系統的天皇制批判に目を向けた最初の日として、記憶すべき日であった。

これもまたわれわれを驚かせる言葉だ。だがこの驚きによってわれわれは「大逆事件」が二つあることを知るのである。宮下における反天皇制的直接行動の動機形成を明らかにする司法権力によって、「大逆罪」事件としての「大逆事件」は動機的に根拠付けられる。他方、対抗的検証者は宮下における反天皇制的革命行動の思想的動機を明らかにすることによって、シナリオ段階で潰えた〈革命劇〉としての「大逆事件」の思想的核心を立証しようとするのである。

神崎が「革命伝説」の第一稿を雑誌『世界評論』に発表したのは昭和二十二年十月であったという。神崎の「大逆事件」をめぐる検証作業が最終的に『革命伝説』全四巻にまとめられて芳賀書店から刊行されたのは昭和四十三年六月〜四十四年十二月であった。全四巻の原稿の枚数は三千四百枚に達すると神崎自身がいっている。二〇年の歳月を費やして「大逆事件」の真実を究明した大作『革命伝説』は成立した。だが「大逆事件」の〈事実〉をその細部にいたるまで検証したこの大作によって、「大逆事件」の真実は人びとの前に顕わにされたのか。いやその真実はむしろ隠されてしまったのではないか。「大逆事件」を蔽ってしまったのは神崎の「革命伝説＝大逆事件」である。

山泉進は『革命伝説』の再刊にあたって神崎の叙述方法を解説して、「権力が造り出した事件のシナリオを同じ時点から読み替えて真実を探り出すこと、ここに神崎の「大逆事件」探究における叙述構成の戦略性をうかがうことができる(9)」といっている。だがこれはすでにいったように、司法的な〈事実〉と同じ〈事実〉を前提にして意味解釈の争いをしているだけであって、真実の究明といったことではない。だから〈事実〉の意味の読み替えによって「革命伝説＝大逆事件」が読み出されていくことになるのだ。それゆえ山泉はこういうのである。戦後、「大逆事件」の真実究明の作業を始めた時、「神崎は目の前に広がっている大逆事件の輪郭、それは裁判の輪郭をはるかに越えて、政治の世界から精神の世界まで、まさしく近代の日本人が生きてきた天皇制という呪縛の世界を解放することができると本気で考えた」と山泉はいうのである。この言葉も、神崎の「大逆事件」をいう言葉とともに分からない。それは「大逆事件（革命伝説）」が天皇制的呪縛からの解放という思想事件と等置されてしまっているからである。彼らの真実の探究とは解釈的読み替え作業をいうにすぎない。『革命伝説』という大著による解釈的専制(10)によって「大逆事件」の真実はむしろ見えなくなったといってもよい。この「革命伝説」を信じない伊藤整は淡々と動静欄的記述をもって孤独な社会主義者幸徳とその周辺を「文壇史」に書き入れた。そこでは「大逆事件」そのものは荷風の『冷笑』と「パンの会」の背後にしかない。戦後日本は「大逆事件」を語り出すことによって、その真実からむしろ遠ざかったといえるだろう。

われわれはもういちど「大逆事件」とは何かを、同時代の体験者における〈衝撃〉の証言の中に見てみるべきだろう。佐藤春夫は『わんぱく時代』で己の分身ともいう親友崎山を「大逆事件」の犠牲者の一人に書き入れた。これは佐藤が「大逆事件」に犠牲者的加担をしたことである。その佐藤が「大逆事件」の真実とは、「不十分な容疑のうちに二十四人を起訴して、その半数を絞首台上にのぼし、残りの半数を無期懲役にして獄中で病死や狂死させたという事実の外」にはないといっているのである。「大逆事件」の真実とは、「天皇を支配階級擁護の具に供し、あまつさえ天皇陛下の赤子十二人の虐殺を国家の権威を借りて断行した」ことにあるのであって、それ以外のどこにも、この虐殺を理由づける〈事件〉の筋書きなどにあるわけはないというのである。戦後の「大逆事件」の語りが見失っているのは、時の国家が社会主義者であることを理由に二四人に死刑をいい渡し、一二人を即座に処刑したという事実であり、その衝撃である。

明治四十三（一九一〇）年の明治国家と政府は「大逆罪」の逆徒一二人とともに〈社会主義〉

を殺したのである。石川啄木が証言として残したのは、国家による〈思想〉の最初の殺戮事件の過程である。啄木は明治四十三年の秋に記した文章で、「今度の事件は、一面警察の成功であると共に、又一面、警察乃至法律といふ様なものの力は、如何《いか》に人間の思想的行為に対《むか》つて無能なもので有るかを語つてゐるのでは無いか」（「所謂今度の事」）といっている。おそらくこれは啄木が獄中の幸徳とともにした〈思想〉への決意であるだろう。啄木が残した「A LETTER FROM PRISON」をはじめとする多くの証言はこの決意の伝達を意味するものである。私がいいたいことはこうだ。〈事件〉のはるか後の世代のわれわれは、〈事件〉の捏造の筋書きによって「革命伝説」を構想してみたりすることをせずに、啄木がなお殺されないとした〈思想〉とは何かをしっかり見るべきではないかということである。蘆花もまたいっている。「否、幸徳らの躰を殺して無政府主義を殺し得たつもりでいる。彼ら当局者は無神無霊魂の信者で、無神無霊魂を標榜した幸徳らこそ真の永生の信者である。[11]」（「謀叛論」）。

注

（1）伊藤整『日本文壇史――大逆事件前後』一六、講談社、一九七二。
（2）神崎清・大野みち代共編「大逆事件略年表」神崎清『革命伝説 大逆事件 ①黒い謀略の渦』子どもの未来社、二〇一〇、巻末附載。
（3）『日本文壇史』からの引用に当たっては、その漢字かな表記を現行のものに改めている。

(4) 山泉進「新版『革命伝説 大逆事件』によせて」(『革命伝説 大逆事件 ①黒い謀略の渦』)。
(5) 佐藤春夫『わんぱく時代』新潮文庫、初版は講談社、一九五八。
(6) 佐藤春夫『わんぱく時代』の「あとがき」。この「あとがき」には昭和三十三年九月二十五日の日付がある。なお引用中の傍点は子安。
(7) 神崎『革命伝説 大逆事件①黒い謀略の渦』第九章「幸徳秋水の上京」。
(8) 佐藤「何が大逆か」『わんぱく時代』。
(9) 前掲、山泉進「新版『革命伝説 大逆事件』によせて」。
(10) ある事態についての意味解読を支配する解釈的専制をもたらすような著作は、方法論的に間違った著作だと私は考えている。
(11) 徳冨健次郎『謀叛論』岩波文庫。

4

幸徳秋水とアナーキズム

――「直接行動論」とは何か――

議会にお頼み申しても埒が明かぬ、労働者のことは労働者自身で運動せねばならぬ。議員を介する間接運動でなくして、労働者自身が直接に運動しよう、すなわち総代を出さないで自分らで押し出そうというに過ぎないのです。

幸徳秋水「直接行動の意義・陳弁書より」

1　幸徳の「直接行動論」

幸徳秋水は明治三十八（一九〇五）年の春、週刊『平民新聞』の社説「小学教師に告ぐ」の筆禍事件で禁錮五カ月の刑を受け、巣鴨監獄に入獄した。七月に出獄した幸徳は、その年の十一月に渡米する。山川均は後年、幸徳の出獄後の渡米とその後についてこういっている。

この入獄中の思索から、議会主義の運動方針に疑問をもつようになった。そしてアメリカでの無政府主義者との接触や、おそらくはこのとき上げ潮に乗っていたI・W・W（世界産業労働者）の戦闘的組合運動からも影響をうけたろう。三十九年にはサンジカリズムの傾向をもった無政府主義者として帰ってきた。そして四十一年には完全にクロポトキン流の無政府主義者であった。(1)

明治四十一年に幸徳はすでに「クロポトキン流の無政府主義者であった」という山川の言葉は、「大逆事件」の検察的筋書きの核心とされた〈爆裂弾謀議〉が進行した明治四十一年の幸徳を指していっているのだろうか。この山川のいい方は、日本社会主義の正統的な戦列から幸徳が四十一年にはすでにまったく外れてしまったことをいっているように聞こえる。

明治三十九（一九〇六）年六月二十八日に神田錦輝館で幸徳の帰朝歓迎演説会が開催された。幸徳はここで従来の日本の社会主義運動に一線を画するような演説を行った。幸徳の演説「世界革命運動の潮流」は、ドイツ社会民主党が指導する第二インターの議会主義的路線を批判し、労働者の団結による反議会主義的な直接行動の主張に世界革命運動の新たな潮流を見るものであった。荒畑寒村は後にこの演説を評して、「幸徳氏一代の名演説というべきもので、聴衆に深甚な感銘を与えたばかりでなく、後に日本の社会主義運動に一新局面を開いたいわゆる直接行動論の骨格が、この時すでに明示されていたのである(2)」といっている。幸徳はこの演説後、翌四十年二月に「かの普通選挙や議会政策では真個の社会的革命をなしとげることはとうてい出来ぬ。社会主義の目的を達するには、一に団結せる労働者の直接行動（ジレクト・アクション）によるのほかはない」と、反議会主義的な無政府主義的「直接行動論」への「思想の変化」を『平民新聞』に公表する(3)。そして同じ四十年二月十七日に日本社会党の第二回大会が開かれ、議会主義的運動路線の変更を求める党則修正提案が幸徳によってなされた。幸徳はまさしく「クロポトキン流の無政府主義者」として、反議会主義的な労働者の団結と直接行動による社会主義革命への道を主張するのである。

従来世界の社会党が議会政策をもって立ちたることは事実である。日本の社会党も同じく普通選挙をもって唯一の旗幟としていたのです。されど今日議会政策の無能なることは歴史がこれを教え、時代の経過がこれを証明したる以上は、この手段を変更することは公明正大のことなりと信ずるものであります。

社会主義は労働者の解放を意味するものである。われわれは直ちにこれに向って進まなければならぬ。普通選挙や、政社法改正のごときは、われわれがやらなくても紳士閥がこれをやっている。何も社会党がそれをやることはない。いわんや普通選挙がかえって邪魔になる場合がある。すなわち十分に労働者の自覚ができた場合に、代議士の存在はかえって革命の気焔を弱める。

今日の資本家制度は毎年非常なる犠牲を出している。今日の資本家制度が機械で腕を折ったり脚をもぎ取ったりする数は、戦争により生ずる犠牲よりも多い。……現に日露戦争は四十万の犠牲を出した。単に資本家を利益するために生じたこの大なる犠牲ですら忍び得るのに、直接行動における少数の犠牲は何でもない。(拍手)犠牲なくして進歩はない。古よりも迷信を打破するためには多くの科学者も犠牲となった。多くの志士仁人も進歩のために犠牲となった。犠牲を恐るるがために議会政策をとる人は、よろしく社会党を解散して改良主義か国家社会党に入るべしである。

私は今日ただちにストライキをやれとは言わぬ。しかしながら労働者は団結と訓練によりて十分に力を養わなければならぬ。今日社会党が議会政策や議員の力を信ずるか、あるいは労働者自個の力を信ずるかというこの分岐点は、将来社会党が紳士閥の踏台となるか否かの運命を決する分岐点となることを信ずる。(4)

ここに引いた「直接行動論」的言説は、社会党大会決議に対する幸徳による修正提案の理由説明演説のものである。この大会決議案（原案）はその第一項に「わが党は労働者の階級的自覚を喚起し、その団結訓練につとむ」とあった。幸徳はこの第一項の「労働者の階級的自覚を喚起し」の前に「議会政策の無能を認め専ら」の十二字を加えることを主張した。この幸徳の修正案に対して、田添鉄二は第二項に「わが党は議会政策を以て有力なる運動方法の一なりと認む」を加えることを主張した。大会は「議会政策」について真っ向から対立する二つの修正案をめぐる討議に三時間を費やして採決した。その結果、田添案は二票、幸徳案は二二票、評議員会案が二八票で原案が可決された。堺利彦は『平民新聞』紙上でこの採決の結果について、「原案二十八票、幸徳案二十二票でほとんど大差はなかった。幸徳君の演説によれば、原案が少しく不明瞭であった故に修正案を出したとはいえ、大会の決議は実質上幸徳決議を採用したようなものである」[5]といっている。

2 「直接行動論」の抹殺

何ら大衆と接触がなく大衆的運動の観念すらもなかった者にとっては、革命の手段として直接行動を採用することは議会政策を弊履の如くすてしむるのと全く同様に、極めて容易簡単なことであった。恐らくは多くの青年の中には、革命を遂行するためではなくて、自らがより革命的であることに満足するために、威勢のよい直接行動論に左袒したものが少なくないだろう（少なくとも私はそうであった。もし私が革命をただ機械的に理解していないで、真実にマルクス主義的に理解していたならば、当時私のとった態度には大きな相違があったであろうと思う）。議会政策対直接行動の問題は戦術上の問題であるが、大衆運動のないところには、戦術上の問題はなかった。当時われわれは実践とは全然離れて、革命の理論について闘争をおこなった。[6]

これは「議会政策」か「直接行動」かを争った明治四十年の社会党大会についての山川均によ

る後年の回想的批評である。私はこれを『寒村自伝』から引いているが、幸徳の「直接行動論」の観念性についてことに厳しい山川の批評は、これを引く寒村ばかりでなく当時の社会主義運動に関わった人びとに共有されてきた批判であるだろう。これらの回想の上にさらに日本社会主義史を見るならば、日本近代における社会主義運動の分裂とさらに崩壊に導くような線が幸徳の「直接行動論」から真っ直ぐに引かれていることに気付くだろう。大河内一男は「日本の「社会主義」でこう書いている。

渡米前の幸徳とは「我ながらほとんど別人の感がある」と後に彼自ら述懐しているほど、彼の思想は変化していた。合法主義と議会政治の上に立つ「社会主義」への不信と、サンジカリズム的な「直接行動」への傾斜がそれである。……『社会主義神髄』の調子の高い名文の底にひそんでいた合法主義と議会主義とは、数年後には、跡形もなく消え去っている。この変化は、後の「赤旗事件」から「大逆事件」に連なる線であり、また日露戦争後において幸徳一派と片山一派とに、日本の社会主義を硬軟両派に分裂せしめた線でもあり、また広く日本の労働運動にとっての宿命である「分裂」とラディカリズムの優位と、運動そのものの崩壊の悲劇に連なる線である。(7)

幸徳の「直接行動論」とアナーキズムへの思想変化についての後年の論者の否定的評価をここまで追ってくると、アナーキズムへの転身後の幸徳を抹殺する墨の濃さに私は驚かざるをえない。大河内が幸徳の無政府主義的「直接行動論」から「大逆事件」にいたる線を真っ直ぐに引いているように、思想的転身後の幸徳の社会主義史的抹殺は逆徒幸徳の「大逆罪」的抹殺と重なりあう。このことを私は大河内の社会主義史的な記述によってはじめて知ったのではない。

私は「大逆事件」の読み直しを昨秋から始めた。私はまず幸徳の社会主義的同志というべき荒畑寒村の『寒村自伝』によって「大逆事件」とその前後を知りたいと思った。だがこれは私の見当違いであった。私はむしろ「大逆事件」をめぐる寒村の記述に首をひねらざるをえなかった。寒村もまた幸徳の帰朝後の思想的転身から「大逆事件」に一つの線を引いているのである。

> 幸徳氏の新しい主張は、社会党大会の熱烈な討論を喚起したのみではない。ひいて社会党の禁止にみちびいたのもこのためである。いわゆる硬軟の分派（いまなら左右両派）がつくられ、激しい分派争いが起るにいたったのもこのためである。幸徳氏をはじめ硬派の一部が無政府主義に改宗し、その一派が翌四十一年の夏いわゆる赤旗事件を起したのも、そしてまた、赤旗事件が少なからざる刺戟となって、ついに四十三年の夏、大逆事件の悲劇を現出させるにいたったのも、ここに端を発するといって過言ではないだろう。

この寒村の記述をあらためて読むと、これが思想転身後の幸徳を抹殺する大河内の社会主義史的記述の原型ではないかと思わざるをえない。こう見てくると私が冒頭に引いた山川の幸徳について、「そして四十一年には完全にクロポトキン流の無政府主義者であった」と突き放すようにいう言葉がもっている否定的な響きが理解される。

幸徳の「直接行動論」的社会主義は国家権力によって幸徳の肉体とともに抹殺された。同時にそれは歴史的に〈正統性〉を主張する日本の社会主義者によっても思想的に抹殺されたのである。「大逆事件」が日本近代にもつ悲劇性は何重にも深い。

3　〈パンの要求〉の直接性

明治三十九年の帰朝後の幸徳における思想的転身から四十三年の「大逆事件」へと真っ直ぐに線を引くものによって抹殺されたものは、幸徳の「直接行動論」に集約的に表現されていった「クロポトキン流の無政府主義思想」であった。抹殺されたというのは、社会主義者幸徳の思想経歴からそれが消されたということではない。むしろ近代日本の社会主義運動史、あるいは思想史から「直接行動論」という無政府主義的な運動的・思想的契機が抹殺され、失われたことをいうのである。われわれがいま「大逆事件」を読み直すことの意味は、日本の近代社会が〈大衆社会〉として成立しようとしているその時期に、国家によって先手を打つようにしてなされた社会主義思想の殺戮事件、すなわち「大逆事件」によって殺されたものが何かを、そして社会主義者自身が己れの陣営から消し去ってしまったものは何かを、その喪失したものの大きさとともにあらためて見出すことにある。

私はすでに明治四十年の社会党大会における幸徳の演説から「直接行動」を説く多くの言葉を引いている。「大逆事件」で拘留中の幸徳が弁護士に送った「陳弁書」で、「直接行動」を暴力革命とか暴力的テロ行動と同義とするのは誤解だとして、「議会にお頼み申しても埒が明かぬ、労働者のことは労働者自身で運動せねばならぬ。議員を介する間接運動でなくして、労働者自身が直接に運動しよう、すなわち総代を出さないで自分らで押し出そうというに過ぎないのです(8)」といっている。このように説かれる「直接行動論」は、労働者の〈パンの要求〉を実現するための戦術、議会と政府の法制的施策を求めるか、労働者自身の力をもって勝ち取るかの戦術的選択の問題のように見える。恐らく四十年の社会党大会でも「議会政策」か「直接行動」かの当面する労働運動における戦術上の選択が問われたのであろう。この戦術上の問題としても、「直接行動論」は時期尚早の観念的ラジカリズムとして後年の山川や荒畑は否定しているのである。

だが「直接行動論」とは民衆・労働者の〈パンの要求〉という〈直接性〉に立った社会主義運

動を意味するとすれば、「直接行動」とはこの社会主義運動の戦略性を規定する思想だということになる。フランス革命もパリ・コンミューンも民衆の〈パンの要求〉の直接性に立った蜂起であり、占拠であったはずである。だが蜂起を扇動し、指導する人間の作る権力機構・組織はこの〈パンの要求〉を占取し、間接化し、そして裏切ってしまうのである。クロポトキンはいっている。

仏国に現出せし平民の三大運動は、多くの点に於いて互いに相異なっているのだが、而も彼等は一個共通の現象を有している。……多少誠実な人々が寄合って一個の政府が出来上がった、而して団結統一を試みた――一七九三年には共和国を、一八四八年には労働者を、一八七一年には自由コンミュンを。然るに此の政府も、ジャコバン党人の思想に浸染《かぶ》れて万事を差し措き専ら政治問題のみに打ち掛っていた。即ち政治機関の改造、行政の刷新、政教の分離、公民の自由権というが如きである。成程当時労働者の倶楽部が新政府の諸員を監視し、其の意見をもて督励していたのは事実である。而も此等の倶楽部に於いてすらも、其の首領が中等階級に属せると、労働階級の出たるとを問わずして、其の勢力を占むるの思想は、常に中等階級のそれであった。彼等は長々しく種々の政治問題を討議した。而も麺麭《パン》の問題を討議するのを忘れていた。

（幸徳訳『麺麭の略取』[9]）

これはクロポトキンの『麵麭の略取』の第五章「食物」の冒頭の一節である。この『麵麭の略取』の翻訳と出版[10]とを病苦を押して急いだ幸徳が「直接行動」をただ「議会政策」への対抗的戦術としてのみいっていたとは考えられない。彼は労働者民衆の〈パンの要求〉の直接性を運動は失うべきではないことを訴えていたのである。その言語は社会主義の戦略的な、思想的言語であった。だからこそその時、山川も荒畑もそれに興奮し、喝采をこの演説者に送ったのである。

だが「大逆事件」はこの「直接行動論」を「大逆罪」的直接行動として、その主張者とともに抹殺したのである。国家が人とその思想を殺した「大逆事件」の恐ろしさは、この思想の抹殺行為を社会主義の仲間内でも行わせてしまうところにある。幸徳の「直接行動論」から「大逆事件」へと真っ直ぐに線を引くことによって、日本の社会主義は〈パンの要求〉の直接性という最も大事な社会主義思想の生命的基盤を失ったのである。

4　アナルコ・デモクラット

松田道雄が「日本のアナーキズム」について非常にすぐれた解説を書いている。[11]日本アナーキズムは大正を目前にした時期に悲劇的な「事件」をともなって慌ただしく成立し、その大正という時代に、運動としての成長を許さないように殺されてしまった。そして昭和に日本アナーキズムは生き残った継承者や文学者たちによって僅かにその命脈を保ってきたのである。松田はその「日本のアナーキズム」を解説して、われわれの近代日本思想史に欠けている多くの大事を教えてくれた。私の「幸徳とアナーキズム」をめぐるこの論考も松田の「解説」なしには成立しない。その「解説」の最後で松田は、「日本アナーキズムの伝統を意識しない心情としてのアナーキズムは、戦後、デモクラシー思想の普及、生活の一応の安定とともに、地殻にしみとおる水のように日本人のなかにひろがった」といい、そして六〇年の「安保闘争」にアナーキズムの運動原理の市民運動的再生を見てこういっている。

政府の権力にも反対、労働者の政治組織にも反対、ただ市民的自由のみをまもって、指導者のない平等の闘争組織を、ことにのぞんでくんでいこうということになると、これこそ「安保闘争」の組織原理ではなかったか。

この松田の言葉は、反権威主義、反組織主義的な、ただ市民的自由に立った、市民的要求に直接する運動の実行者であった小田実を私に想起させる。そしてこの小田の思想をアナーキズムとの思想的連関においてとらえ直すことの重要性を松田の言葉は私に教えた。

小田は議会主義的なデモクラシーを〈民の要求〉の直接性に立った「でもくらてぃあ」にすべ

きことをいっている。われわれの民主主義的原理の小田による読み直しは、一九九五年一月十七日の阪神淡路大震災の被災とそこからの市民たちの再起の運動体験を通じていっそうラジカルになされていった。小田のいう「でもくらてぃあ」とは何か。

古代アテネの「市民国家」における「デモス」とは「住民自治区」とその「住民」を意味するとともに、毎日「アゴラ」に来てはワイワイガヤガヤと意見を交わす「民」を意味していたと小田はいう。小田のまさしく「ワイワイガヤガヤ」的な言葉によってその意味を聞こう。「デモス」がある地区の「住民」を意味するとともに、一般的な「民」でもあることとはこういうことだと小田はいう。

それこそ毎日「アゴラ」へ来てワイワイガヤガヤやっていた、あるいはウロウロウロウヨウヨしていた。そして、おたがいの素性もよく判らぬままに「アゴラ」の近くのプニュクスの丘なる大衆集会の場に駆け上って、宣戦布告して戦争をするや否やの自らの死活にかかわる問題の決定にまで参加していた「民」としての「デモス」でもあったことです。(12)

「デモス」が「住民自治区」あるいは「住民」と「民」との両義をもちながら、しかし「民」に最高の決定権を置いたことこそ、「市民国家」が「住民国家」ではなく、まさしく「市民の国家」

でありえた最大の理由があると小田はいうのである。小田がここで「住民国家」を「町内会国家」といいかえているのが面白い。わが日本で町内会という一番下の住民組織から要求を町村(議会)へ、県(議会)へ、そして国(国会・代議士)へと汲み上げ、積み上げていく陳情システムが、あたかも民主主義的な〈下意上達〉の手続きであるかのように思われている。しかしこの町内会的陳情はつねに政府・官僚による〈上意下達〉の政策決定をその結果として見るしかないのである。こうした〈下意上達〉が〈上意下達〉でしかない〈民主的手続き的国家〉を小田は「住民国家」といい「町内会国家」ともいうのである。「市民国家」であるためには、「民」が「住民」であることをこえて、国家の最高の決定をなしうる力(クラトス)をもたなければならない。その力をもった「民」が「市民」であり、その「市民」によって「市民国家」ははじめて成立すると小田はいうのである。「デモクラティア」とはこの「市民国家」を形成する〈民の力〉からなる政治原理をいうのである。小田はこの「デモクラティア」からわれわれの現代社会のあるべき政治原理「でもくらてぃあ」を導くに当たって、これを再定義している。

私たち人間にとってもっとも必要なことは、政治をできるかぎり人間的なものにすることです。べつの言い方で言えば、政治を「人間の基本《ヒューマン・ファンダメンタルズ》」にできるかぎり即したものにする、この「人間の基本」にもっとも即した政治原理、そして、実際のありよう、かたちが、私は

「でもくらてぃあ」だと考えています。

ではなぜ「デモクラティア」ではなく平仮名の「でもくらてぃあ」なのか。小田は、「私の考える「でもくらてぃあ」はそうした古代アテナイの、あるいは、古代アテナイ以来の「デモクラティア」、差別、排他、抑圧、支配、侵略の「伝統」と手を切った、そしてまた、軍事、戦争、暴力、それら一切のキナくさい、血なまぐさいものを拒否することに基本を定めた「でもくらてぃあ」です。その根本的ちがいを確認しておく意味で「デモクラティア」と片仮名で書くのではなく平仮名で「でもくらてぃあ」と書くことにしたのです」という。

私はこの小田の「でもくらてぃあ」という市民運動的政治原理に幸徳らのアナーキズム的「直接行動論」の最善の形での現代的再生を見る。私は小田をアナーキズムの二十一世紀的再生者として「アナルコ・デモクラット」と呼びたいと思っている。小田はこの呼び方に不満だろうか。だが小田の「でもくらてぃあ」をいまアナーキズムとの思想連関でとらえていくことは、東アジアにおける民主的直接行動としての市民運動を二十一世紀現代における世界史的な意味において見ることを可能にする。このことについてはまた別の機会にのべたい。

注

（1）山川均「『麺麭の略取』とそのころの思い出」クロポトキン著・幸徳秋水訳『麺麭の略取』（岩波文庫、一九六〇年第一刷）附載。

（2）荒畑寒村『寒村自伝』上、三「日刊『平民新聞』」筑摩書房、一九六五。

（3）幸徳「余が思想の変化──普通選挙について」（『平民新聞』第一六号、一九〇七年二月五日）。松田道雄編・解説『アナーキズム』（現代日本思想大系16、筑摩書房、一九六三）所収。

（4）「幸徳秋水氏の演説」（『平民新聞』第二八号、一九〇七年二月十九日）。松田編・解説『アナーキズム』所収。

（5）堺枯川「社会党大会の決議」『平民新聞』二八号。

（6）山川均のこの言葉を私は『寒村自伝・上』から引いている。

（7）大河内一男「日本の「社会主義」」大河内編・解説『社会主義』（現代日本思想大系15、筑摩書房、一九六三）。

（8）幸徳秋水「陳弁書」松田編・解説『アナーキズム』所収。

（9）幸徳訳『麺麭の略取』。

（10）幸徳訳『麺麭の略取』は明治四十一年十一月ごろ実質上秘密出版として数百部程度自費で刊行され、秘密発送を終えた後、四十二年一月三十日、平民社訳として発行届を内務省に提出したが、即日、発禁と差し押さえの処分を受ける。発行署名人坂本清馬は三〇円の罰金刑に処せられた（神崎清「大逆事件年表」による）。

（11）松田道雄「日本のアナーキズム」松田編・解説『アナーキズム』所収。

（12）小田実『でもくらてぃあ』（筑摩書房、一九九六）「少し長いあとがき」から。

5

大杉栄と〈無類の思想〉

――いま大杉を読むこと――

労働問題は労働者にとっての人生問題だ。労働者は、労働問題というこの白紙の大きな本の中に、その運動によって、一字一字、一行一行、一枚一枚ずつ書き入れていくのだ。

大杉栄「社会的理想論」

1　大杉に出会う

幸徳秋水とアナーキズム、あるいは「直接行動論」について考えた後、私はこの流れの中で大杉栄をもついでに読んでみようと考えた。そのときまで大杉とは私にはついでに読むものとしてあったのであって、必ず読むべきものとしてあったわけではない。私が「大逆事件」を、そして幸徳とアナーキズムを読み直すことがなかったならば、私は大杉をついでに読んでみようともしなかったであろう。たしかに私はついでに大杉を読みはじめた。だがついでに読み始めた大杉とその文章は、私に大きな衝撃を与えた。この衝撃はいま、大杉との出会いが私にとってなぜかくも長くついでであるかのようなものとしてあったのかを、自分自身に反省的に問わせるものとしてある。

私は幸徳からのついでとして大杉を読み始めていきなり、彼を解説する多田道太郎から痛棒をくらうことになった。多田は『大杉栄』（日本の名著）[1]の「解説」の冒頭でこういうのである。多くの人びとは大杉の名をすでに何がしか知っている。政治史的には甘粕事件によって、社会史的には日蔭茶屋事件によって。多田はこのような「大杉をすでに知っているというもの」によって大杉を読んで欲しくないというのである。むしろ「無知の読者が、望ましい最良の読者である」

と多田はいうのだ。大杉をすでに知ったつもりでいるものの基盤には、「偏見と独断と党派的利害にかためられた「世論」の歴史がある」と多田はいうのである。この「世論」に規制されている、あるいはこの「世論」を構成している読者は大杉を読んで理解することもなく、あるいは大杉を読もうともしないだろう。私に大杉を読むこともなく知ったつもりにさせているのも、そしていまついでに大杉を読もうとさせているのも、この「偏見と独断と党派的利害にかためられた世論」であるのではないか。私もまた〈党派性〉によって規定されているのではないか。

現代世界におけるわれわれの政治的思考と発言は、政治的党派に所属するしないにかかわらず、また意識するしないにかかわらず〈党派性〉に規定されている。マルクス・レーニン主義的党派の政治的集団主義的思考、すなわち〈党派的〉思考は、〈戦争と革命〉の二十世紀を通じて政治的思考の一般的性格となった。〈党派性〉はわれわれの政治的思考や言語の免れがたい成立基盤となったのである。「自由」や「民主主義」という普遍的理念がヨーロッパ的〈党派性〉をもって主張され、そのグローバルな勝利がいわれたのが二十世紀の終わりの時期であった。

一九七〇年に入ろうとする時期、日本の大学における近代日本国家と同型の制度的、理念的仕組みの解体をいういわゆる〈大学紛争〉が生起した。〈全共闘〉というセクトをこえた全国的な闘争組織の成立とともに、〈ノンセクト〉という無党派的共闘者の存立も可能になった。学生の闘争にシンパシーをもった大学の教員たちは〈ノンセクト・ラジカルズ〉という無党派的共闘者となった。この〈大学紛争〉の過程で日本のマルクス・レーニン主義政党の学生も教員たちも〈全共闘〉に対立する強い党派性をもち続け、紛争解決への政治的イニシアティヴをとっていった。したがって〈ノンセクト・ラジカルズ〉すなわち〈無党派的〉革新者であることは、何よりもあのレーニン主義的政党に対立し、それから自由な〈反党派的〉革新者であることを意味したのである。

私は七〇年代以降この〈ノンセクト〉の立場で思考し、発言してきたつもりでいた。だが私がなおかつ戦後的思想の〈党派性〉に規定され続けていることを、「大逆事件」と幸徳秋水を読み直すことを通じてはじめて知ったのである。さらに幸徳を読んだつ、い、で、に大杉を読もうとした私は、己れの〈党派性〉をめぐる批判的自己認識の不十分さを多田によってあらためて鋭く衝かれたように思った。

お前の〈党派性〉が大杉を知ったつもりにさせているのだ、あるいは大杉を読まなくてもよくさせているのだ。自分の思想を底深く規定している〈党派性〉に気づいたもののみが、大杉を読むためのスタート台に立つことができる。多田はそういっているように私には思われた。

2 〈無類の人〉大杉

大杉の著作や関係書を探していた私は古書店で鎌田慧の『大杉栄 自由への疾走[2]』を見つけた。

鎌田にこの評伝があることを私は知らなかった。社会的活動家としてもその名を知られたドキュメンタリー作家鎌田による評伝『大杉栄』を早速私は読んでいった。鎌田は背景的事実調査の周到さとともに、対象に衝迫する文章力をもって〈無類の人〉大杉栄をわれわれの前に鮮やかに提示した。私は深い感銘をもってこの評伝を読んだ。だがこの感銘は三十八年の生涯を疾走した〈無類の人〉大杉栄についてのものであった。この非凡無類の大杉栄という〈人〉の姿を鎌田も引いている山川均の回想の文章をもって記しておこう。

大杉君ほど遠目に見ている者からはこわがられ、近づいた人からはしたしまれた人はいない。大杉君には強い性格のどこかに、大きな魅力があった。そしてひとたびこの力にふれた人々は、時には大杉君に不平不満をいいつつも、結局は大杉君を離れまいとした。先ごろある新聞の記事に、大杉君は借り倒しの名人だったというようなことが書いてあった。なるほど大杉君は、よく原稿料や印税のさき借りをしておった。しかし大杉君に借り倒された人は、ぶつぶついいながらも、その実もっと借り倒されたい気もちがしたらしい。大杉君には、そういう一種の徳が備わっていた。大杉君の性格には、それほど人をひきつけ、それほど人をしたしませるところがあった。あれほど剛情張りで、あれほど人を人とも思わぬ態度で、あれほどいいたい放題をいい、したい放題をし、あれほど我を押し通して、しかもあれほど人を怒らせず、あれほど人からしたしまれた人はいない[3]。

これは〈無類の人〉大杉を伝えるいい文章である。だが私は鎌田の著書『大杉栄 自由への疾走』をめぐって書き始めながら、なぜ山川による大杉回想の文章を長々と引くことをしているのか。それはもし鎌田の評伝『大杉栄』の眼目とするところが、〈無類の人〉大杉を、その三十八歳の悲運の死にいたる事件事跡によってえがくことにあるならば、この非凡無類の大杉という〈人〉を簡潔に、しかも見事に記している山川の回想文をもって鎌田の評伝の記述に代えることができると思ったからである。たしかにドキュメンタリー作家鎌田は、あの〈無類の人〉大杉栄を事件事跡の背景的事実調査によって大正という時代の中に鮮やかに肉づけていった。だがにもかかわらず彼がわれわれ読者に伝えたものは大杉という〈無類の人〉であって、大杉の〈無類の思想〉ではない。

甘粕大尉を代理的執行者とした日本陸軍が殺したのは、大杉という〈人〉であるとともに、その〈思想〉であったはずである。そういうと人は、大杉という〈無類の人〉とその〈無類の思想〉とは分かちがたいというかもしれない。山川は大杉の無類の人となりを語った文章の後半でこういっている。「大杉君の周辺には、大杉君の「説」を讃美する者よりも、大杉君の「人」を讃美する者をよく引きつけた」と。たしかに大杉グループは〈理念集団〉であるよりは〈人格集団〉

としての性格を強くもっていたのかもしれない。だが大杉の回想的評価がこのようにいうとき、すでにその言葉は、大正十二（一九二三年）年九月に日本陸軍によって殺された〈人〉を見ても、殺され、消されてしまった〈思想〉とは何かを見ようとしないものの言葉となってしまうことを私は知るのである。

私は鎌田の評伝『大杉栄』を読み終えて、感銘と不満とを同時にもった。私はそれを山川の「大杉回想」に引き移して語ってみた。山川もまた大杉という〈人〉だけを語っている。

3 「世論」という殺害者

鎌田ははたして大杉を読んだのか。これは評伝『大杉栄』の著者に対して失礼ないい方かもしれない。だが鎌田の大杉の知り方は、多田がそれでは駄目だといった知り方、すなわち〈甘粕事件の大杉〉〈日蔭茶屋事件の大杉〉という知り方と浅深の違いはあっても同質のものではないのかと私には思われるのだ。鎌田の仕事はわれわれが知っていると思っていた大杉、すなわち〈事件の中の大杉〉をもう一度、詳細な背景的事実とともに知り直させたというに過ぎないのではないかと思われるのだ。ここには〈評伝〉という著述ジャンルがもつ問題もある。

〈評伝〉という著述は歴史的人物への関心を人物伝的な作品に集約して表現しようとする。だから〈評伝〉は読者の人物伝的な関心に応えるとともに、読者の関心を人物伝的な関心にいっそう限定してしまうのである。この〈評伝〉という読書人層のジャンルに対応する大衆的ジャンルが〈講談〉である。〈講談〉の語り手も聞き手も、多田がいう「世論」に規定されていることは明らかだが、〈評伝〉においても事柄は同様だと私は考えている。〈事件の中の人〉へと関心を集約させる〈評伝〉の書き手も読み手も、この〈事件の中の人〉をこえて読みこんでいくことはしない。甘粕事件で殺された〈人〉をこえて、殺された〈思想〉を読んでいこうとするものはない。それは〈評伝〉というジャンルの問題であるとともに、〈評伝〉の書き手も読み手をも規定している「世論」の問題でもある。

「大逆事件」、そして「甘粕事件」という国家犯罪事件の恐ろしさは、なぜこの人たちが国家や陸軍の手で殺されたのかの理由をアナーキストであり、直接行動論者であること以上に問わなくさせてしまうことにある。近代日本の国家と陸軍とは幸徳と大杉たちを、〈アナーキズム〉と〈直接行動論〉とともに殺したのである。それ以来日本人はアナーキズムとは何か、直接行動論とは何か、はたしてそれらは彼らの殺される理由をなすものであったのかを問うこともなく、闇の中に置き棄ててしまったのである。こうして「大逆事件の幸徳」「甘粕事件の大杉」といえば、それで何か分かったような「世論」が作られていったのである。「世論」は国家と陸軍によって殺された幸徳や大杉を、もう一度自分たちの手で殺してしまっているのである。そしてこの私もまたこの「世論」と無縁ではない。昨年、田中伸尚の『大逆事件――死と生の群像』によって再考をうながされるまで、「大逆事件の幸徳」というだけで分かったつもりでいたのだから。

自分を規定している「世論（あるいは党派性）」に気づくことなくして、幸徳や大杉の〈人〉とともに殺された〈思想〉を読むことはない。「大逆事件」「甘粕事件」で殺されたのは、〈無類の人〉であるとともに〈無類の思想〉であることを知ることはない。

4　いま大杉を読むこと

いま大杉を読むこととは、大杉という〈人〉とともに殺された〈思想〉を読むことである。彼の残虐な死とともに、後のわれわれから失われてしまった、あるいはわれわれがみずから失ってしまった世界と人生への無類の向かい方をもう一度われわれの心に再現してみることである。

しかし、人生は決してあらかじめ定められた、すなわちちゃんと出来上がった一冊の本ではない。各人がそこへ一文字一文字書いてゆく、白紙の本だ。人間が生きてゆくそのことがすなわち人生なのだ。

労働運動とはなんぞや、という問題にしても、やはり同じことだ。労働問題は労働者にとっての人生問題だ。労働者は、労働問題というこの白紙の大きな本の中に、その運動によって、一字一字、一行一行、一枚一枚ずつ書き入れていくのだ。観念や理想は、それ自身がすでに、一つの大きな力である、光である。しかしその力や光も自分で築きあげてきた現実の地上から離れれば離れるほど、それだけ弱まっていく。すなわちその力や光は、その本当の強さを保つためには、自分で一字一字、一行一行ずつ書いてきた文字そのものから放たれるものでなければならない(4)。

労働者に向けてこのように語りかける言葉を私は見たことも、読んだこともない。大杉はたしかに労働者に語りかけているのだが、この大杉の言葉を地上で現実に生を営むすべてのものに語りかけたものとして読むことができる。あるいはこれは大杉の生き方そのものをいったものであるかもしれない。私は先日、ウクライナ出身のドイツの八十歳をこえる老翻訳家スヴェトラーナ・ガイヤーをめぐるドキュメンタリー映画を見た。「五頭の象と生きる女」がその映画の原題である。「五頭の象」とはドストエフスキーの五部の大作を意味している。八十四歳の日々をなおこの巨大な象とともに生きている彼女はこういっていた。「人生の目的は、人の生きてきたことの上にある」と。私は見終わってもしばらくこの言葉を椅子に座ったまま反芻していた。大杉の「人生とは白紙の本だ」という言葉は、この老翻訳家の言葉と同質の感銘を私に与えた。大杉が〈無類の思想家〉であるのは、人間の根底的な生き方の問題として、労働者に労働問題を語りかけるところにある。これはだれもしなかったことだ。

大杉は心に「傷」を受けるごとに飛躍し、思想を深化させたと多田は大杉の経歴をのべながらいっている。(5) 大杉はその生涯に四つの「傷」を心に負ったという。最初の「傷」は陸軍幼年学校放校期のものであり、二番目は「二十ほど年上の女」と悶着があった時期のもので、三番目が千葉監獄での体験であり、四番目が葉山の日蔭茶屋事件の「傷」である。それらの「傷」のいずれもが大杉の思想の飛躍ないし深化をまねいたと多田はいう。葉山事件の「傷」はことに深かった。だがその「傷」はこの事件を利用した「敵」によっていっそう深くされたのだと大杉はいった。「敵」は「肉体的に殺されなかった僕を、こんどは精神的に殺してしまおうとした」と大杉は怒った。この「傷」ゆえに彼のもうれつな怒りがあり、強がりがあり、「そしてまた、この沈鬱期につづく一九一八年、一九年、二〇年の三年間の目をみはる活動と思想の豊饒」があったと多田はいっている。私は「労働運動とは労働者が書き込む白紙の本だ」という大杉のあの言葉が成立する背景を知るために、あえてここで多田の精神史的記述を借りた。

大杉は一九一七（大正六）年に伊藤野枝と生まれて間もない長女魔子とともに亀戸の労働者街に移り住んでサンジカリストとしての労働運動を始めた。彼は和田久太郎、久板卯之助に協力して「労働新聞」を出し、その廃刊後は「労働運動」を創刊する。さらに大杉らは渡辺政太郎の「労働問題座談会」と合併して「北風会」を結成する。「北風会」はアナルコ・サンジカリスト大杉の活動拠点となった。こうして大杉の観念の運動は〈労働者の事実〉という重い現実的契機を含みこんでいったのである。この大杉によって「労働運動」六号に載るあの文章が書かれたのである。あの文章は「社会的理想論」と題されていた。この文章の冒頭で大杉は、労働者は建設しようとする将来社会の観念をしっかりもたなければ、革命の道具にはなるが、その主人公になることはできないというクロポトキンの言葉を引きながらこういっている。

> 実際労働者は、今日までのどこの革命にでも、いつも旧社会破壊の道具にだけ使われて、新社会の建設にはほとんどあずかっていない。大部分は自分らの力で破壊しておきながら、それが済めば、あとは万事を人任せにしている。そしてそのいわゆる新社会が、まったく旧社会同様の他人のためのものになることに少しも気がつかない。
> しかしこれは、労働者に新社会組織についてのはっきりした観念がないということよりもむしろ、自分のことはすべてあくまでも自分でするという、本当にしっかりした自主心がないからではあるまいか。（傍点は子安）

クロポトキンを引きながらいう大杉のこの言葉は、すでにクロポトキンをこえている。こえているというのがいいすぎならば、大杉はクロポトキンを自分のものにしている。労働者が社会変革の道具だけにとどまらないためには、新社会の観念をしっかりともつかどうかではない。むしろ労働者がその運動自体の主人であるかどうか、あるいはその運動が自分のための、すなわち自分のものであるかどうかにあると大杉はいっているのである。将来社会という理想は運動から離れて宙に掲げられた目標ではない。むしろ理想、あるいは目的とは労働者の運動の一歩一歩が、その足跡の上に刻みつけていくようなものでなければならない。そのとき労働者はその運動の主人公であって、決して道具にはならないであろう。大杉がこの「社会的理想論」の後半でいう「労働運動とは白紙の本だ」という言葉をふまえて考えれば、大杉の冒頭の文章の趣旨はまちがいなくこのように理解されるだろう。これはアナルコ・サンジカリズムにおける「直接行動論」の本領をいうものではないか。

5 「直接行動論」再考

労働運動における労働者こそが、あるいは体制変革的運動における民衆こそがその運動の主人公であって、決して使い捨ての道具であってはならない。労働者・民衆が運動の主人公であるとは、その運動における一歩一歩に自分たちの生きる目的を刻みつけていくような自発的運動者であることだ。アナルコ・サンジカリストのいう「直接行動論」的労働運動とは本質的にこのようなことを意味するならば、「直接行動論」とは〈議会主義〉か〈直接行動主義〉かといった労働運動の戦術上の選択肢を構成するような問題ではない。「直接行動論」とはアナーキズムあるいはアナルコ・サンジカリズムという思想の本質的な運動論ではないであろうか。それこそがアナーキズムという行動者の思想だと私には思われる。そしてこの思想は一九二〇年代の天皇制国家日本に成立する議会制民主主義のもっとも強い批判思想であったし、同時にこれはロシアに成立しつつあるソヴィエト国家権力とそれを構成するボルシェヴィキに対する極東の労働運動者からのもっとも厳しい批判思想であった。だからこそこの〈思想〉はこの〈人〉とともに殺され、この〈人〉の事件の影に蔽われて見失われねばならなかったのである。

吉野作造は国家の主権は人民にあるという意味での民主主義を「絶対的または哲学的民主主義」として、その政治的な現実性を否定した。「人民主権」としての「民主主義」とは、デモクラシーの正しい訳語ではないという。むしろ「国家の主権の活動の基本的な目標は政治上人民にあるべし」という「民本主義」こそがデモクラシーの正しい訳語であるという。「主権は人民にあり」とする「民主主義」は政治学的考察の対象にならない哲学的観念として斥け、国家主権による政治の目的として人民があることを「民本主義」とし、そこにこそ政治学の課題があるとするのが吉野の近代日本国家のデモクラシー論である。吉野のいう「民本主義」は国家とその主権についての問いを棚上げして、「国家の主権の活動」としての政治が人民を目標とすべきことをいうものである。この吉野による「民本主義」概念の導出を大杉はこう要約する。「民主主義はついに民主主義の名までも失って民本主義と改名した。民本主義とは、要するに治者側から見れば民意の尊重である。被治者側から見れば参政権の要求である。[6]」

私がここで吉野の「民本主義」論を見ているのは、その成立の前提としての人民主権的「民主主義」概念の拒否にあたって、吉野は幸徳らの社会主義とともにこの「民主主義」概念を否定することを確認するためである。

社会主義者の運動は多くの場合において、民主共和の危険思想を伴うこと、従来諸国の例に明白だからである。現にわが国でも幸徳一派の大逆罪は、社会主義者の間から輩出したではないか。社会主義をまじめに研究せんと欲するものは、深くこの点に注意するを要する。要するに国家の本質を哲学的に考察し、国権は絶対的に無条件的に人民にあらざるべからずと抽象的に断定する時、民主主義はわが国のごときにおいて危険視されまた排斥せられてもしかたがないのである。[7]

さらに後の吉野による「直接行動論」の排撃の論を見るとき、近代日本天皇制国家の代議制議会主義的政治体制を支える彼の「民本主義」論とは、国家とともに幸徳・大杉らのアナーキズムと「直接行動論」とを葬り去ることによって成立するものであることを知るのである。

注

（1）多田道太郎編・解説『大杉栄』日本の名著46、中央公論社、一九六九。
（2）鎌田慧『大杉栄 自由への疾走』岩波書店、一九九七。岩波現代文庫版もある。
（3）山川均「大杉栄のこと」山川菊栄・向坂逸郎編『山川均自伝』（岩波書店、一九六一）所収。
（4）大杉栄「社会的理想論」『大杉栄』（日本の名著46）所収。「社会的理想論」は第一次『労働運動』第六号（一二〇年六月）に書かれたものである。
（5）多田道太郎「生と反逆の思想家」前掲『大杉栄』「解説」。
（6）大杉「民主主義の寂滅」松田道雄編・解説『アナーキズム』（現代日本思想大系16、筑摩書房、一九六三）所収。
（7）吉野作造「憲政の本義を説いてその有終の美を済すの途を論ず」（『中央公論』一九一六年一月）、三谷太一郎編『吉野作造』（日本の名著48、中央公論社、一九七二）所収。

6

大杉栄と二つの批判的先見性

また「ソヴィエトにいっさいの権力を」というレーニンの言葉は、もともと国家主義のマルキシズムの真赤な嘘なのだ。マルキシズムは民衆が自分で自分の運命を創っていくことを決して許すものではない。

大杉栄「無政府主義将軍――ネストル・マフノ」

この民主主義観によるに、民主主義をしてその民主主義たる性質を失わしめるまでに向上発展させたのは、疑いもなく国家の仕業である。すなわち民主主義のこの向上発展は近世国家確立の成果である。

大杉栄「民主主義の寂滅」

1　ウクライナ

私はこの一月にドイツにおけるドストエフスキーの老翻訳家スヴェトラーナ・ガイヤーをめぐるドキュメンタリー映画「五頭の象と生きる女」[1]を見た。彼女はウクライナ出身で第二次世界大戦末期に独軍とともにドイツに移住したという。なぜ彼女は独軍に従ったのか。私は怪訝な思いで彼女のキャリアを追った。彼女のこの経歴にはソ連が深くかかわっていることを知った。彼女の父親はスターリン主義による迫害で捕らえられ、重病の身で釈放されたが、間もなく病死してしまうのである。少女スヴェトラーナが辿った道には一九三〇年代のウクライナの歴史が刻印されている。ウクライナにとって侵略者であり、抑圧者であり続けたのはドイツであるよりもソ連であったのである。

この映画はスヴェトラーナ・ガイヤーという翻訳家の運命とともにウクライナが負わざるをえなかった、今もまだ負い続けている運命を私に教えた。眼前の国際問題としてのウクライナと大杉が追った無政府主義将軍マフノのウクライナとの間に、私は真っ直ぐに線を引くことができた。私が大杉とウクライナとを考えていたその時、朝日新聞（二〇一五年三月三十一日）の「オピニオン」欄にキエフ在住の作家アンドレイ・クルコフ[2]のインタビュー記事が載った。「帝国目指すロシア、自由知った我々は奴隷状態に戻れぬ」という見出しがよくその内容を伝えている。「多くの人の意識はロシアより欧州なのですね」という記者の問いに彼はこう答えていた。

ウクライナの一般の人々にとって、重要なのは、「EUに加盟するか否か」ではない。欧州とは、賄賂のいらない暮らし、汚職のない社会、例えばお年寄りが必要な薬を手に入れること、つまり「安定した生活」を意味しているのです。

ソ連の崩壊後、経済的苦難の時期をくぐり抜けながらウクライナは、「自由を知ってしまった。もう奴隷状態には戻れないのです」とクルコフはいう。そして「ロシアは変わるだろうか」という最後の質問に答えてこういっている。

エリツィン大統領の時代、ロシアはそれなりに政治的な多様性を広げ、ウクライナと同じ道を歩んでいました。「ロシア人は偉大だ」と言い始めたのは、プーチン時代になってからです。帝国を築こうとするのではなく、文明国家を建設するのだという意識を持たない限り、ロシアは変わらない。スターリンへの郷愁を捨て、もう一度ゼロから出発しなければならないのです。

このクルコフの言葉は私に多くのことを考えさせた。まず第一に考えさせたのは、ロシアによるクリミアの強権的併合と東部ウクライナにおけるロシアの内乱的介入は、十九世紀来くりかえされてきたロシア＝ソ連によるウクライナ領有という〈帝国〉的企図の二十一世紀版ではないかということである。私はこのクルコフの言葉によって大杉の「無政府主義将軍――ネストル・マフノ」という文章がもつ歴史的先見性を深く理解した。〈ロシア帝国〉への強い権力的志向をもってソヴィエト政権を成立させたボルシェヴィキは、ウクライナ・ソヴィエトの民衆自治的成立を認めることは決してなかった。ネストル・マフノとは、一九一八年から二一年にかけてウクライナ・ソヴィエトの民衆自治的成立のために戦い続けた悲劇の将軍であった。

一九二二年の十二月に日本を脱出し、翌二三年二月にパリに着いた大杉は無政府主義将軍マフノをめぐる資料を探し求めたという。大杉はその年の七月に帰国し、八月に「無政府主義将軍――ネストル・マフノ」を書き、『改造』の九月号にこれを載せた。大杉が虐殺されたのはその九月である。

大杉はこの文章でネストル・マフノの現在について、「一九二一年の夏、マフノは数個師団の赤軍騎兵にとりかこまれてルーマニアの国境にまで追われ、ルーマニア政府のために武装解除されて投獄され、危うくモスクワ政府に引き渡されようとしたが、一九二二年の春ルーマニアをの

がれ出て、こんどはポーランドの官憲に捕らえられた。マフノは今までポーランドの監獄にいる」と記している。(3)

2　大杉の怒り

大杉はヨーロッパに行ったらまず第一に調べたいプログラムの中に、「無政府主義将軍というちょっと皮肉なあだ名をとったネストル・マフノの、いわゆるマフノビチナ（マフノ運動）の問題があった」と『改造』の文章の冒頭でいっている。それに続けて大杉は、「ロシア革命が産んだいろんな出来事の中で、僕が一番心を動かされたのは、このマフノビチナであった。そしてこの運動の研究こそ、ロシア革命が僕らに与えることのできる、一番大きな教訓をもたらすものじゃあるまいかと思った」というのである。マフノへの大杉の関心は、ウクライナを背負うマフノの苦難の戦歴にボルシェヴィキの主導によるロシア革命が与えるマイナスの教訓が重く刻みつけられていることを見出しているからである。大杉らの大正日本と同時進行的な世界史的事態、すなわちロシア革命とロシア・ソヴィエト政権の成立の中に、やがて〈ソ連〉として現実化する共産主義〈帝国〉的権力構造の萌芽をすでに早く、〈マフノ問題〉として見出していた大杉の先見性には驚かされる。マフノとはだれか、そしてマフノビチナとは何か。大杉の説明を聞こう。

マフノビチナとは、要するに、ロシア革命を僕らのいう本当の意味の社会革命に導こうとした、ウクライナの農民の本能的な運動である。マフノビチナは、極力反革命軍や外国の侵入軍と戦ってロシア革命そのものを防護しつつ、同時にまた民衆の上にある革命綱領を強制するいわゆる革命政府とも戦って、あくまでも民衆自身の創造的運動でなければならない社会革命そのものをも防護しようとした。

ネストル・マフノとはこのマフノビチナのもっとも有力な代表者であったし、民衆的自治を侵そうとするあらゆる敵とのもっとも勇敢なパルチザンであった。マフノがどのように戦ったかは大杉もその概略を書いている。だが大杉が「無政府主義将軍――ネストル・マフノ」で書こうとしたことは無政府主義者マフノの果敢な戦いぶりではない。「ボルシェヴィズムと無政府主義とがその本質においてどう違うかを事実の上で」見ることであったと大杉はいう。われわれが見たいのも、大杉がすでに早く見極めたボルシェヴィズム、あるいは国家主義的マルクス主義がもつ本質的な問題性である。

しかし山師どもの本当の目的は、この民衆対主人の内乱ではない。新主人の席の奪い合いなのだ。……彼らの求めるところはただ、自分の党派の独裁、すなわち民衆の上の権力の独占にあるのだ。

この強盗放火殺人の犯罪人どもの中で一番狡猾でそして一番凶暴なやつらがクレムリンの王座に坐りこんで、無産階級の独裁の名のもとに、いったん解放された労働者や農民をふたたびまた前にもました奴隷状態に蹴落として、完全にロシア革命を圧殺してしまった。これがいわゆるロシア革命なのだ。ボルシェヴィキ革命なのだ。

モスクワ政府は民衆のこの自主自治を許すことができなかった。「労働者の解放は労働者自身の仕事でなければならない」というマルクスの言葉は、また「ソヴィエトにいっさいの権力を」というレーニンの言葉は、もともと国家主義のマルキシズムの真赤な嘘なのだ。マルキシズムは民衆が自分で自分の運命を創っていくことを決して許すものではない。

私はここに大杉の怒声ともいえる激しい言葉を書き写しながら、彼がこの怒りを発した一九二三年から今にいたる一世紀にも及ぶ時間の長さに私は茫然とせざるをえない。大杉が書き残したこの怒りを共有していた人びとはもとよりいたであろう。だが私などはあれから九〇年を経た今やっと大杉の怒りのすべてが理解できたのである。プーチン・ロシアの〈ソ連帝国〉的回帰や中共党国家の〈中華帝国〉的現前によって、ようやく私は大杉の怒りのすべてを理解したのである。

現在の〈ウクライナ問題〉の生起とともに、すぐに大杉の「無政府主義将軍マフノ」を思い起こしたものは、恐らく継続的にウクライナを関心の対象にしてもってきたものを除いたらいないだろう。とすれば一九二三年の大杉の怒りを、彼の死とともにかくも長く歴史の中に埋もれたままにしてきたものは何かが問われねばならない。それはわれわれの精神をほぼ一世紀にわたって盲目にしてきた〈思想〉の呪縛によるのだろうか。だがこれは私の〈大正〉の読み直し作業が究極にになう問いとしてもち続けることとして、ここでは大杉の事態認識の先見性について考えよう。

あの大杉の怒りに見るボルシェヴィズムをめぐる認識の先見性を彼にもたらしたものは何か。それはいうまでもなく大杉のアナーキズムである。「無政府主義将軍マフノ」で大杉が結論的に綴るのはマフノを孤立した〈義賊〉的戦いに追いやってしまうロシア革命における無政府主義者の誤りと敗北である。

さすがにボルシェヴィキは炯眼であった。彼らは最初から、ボルシェヴィズムと無政府主義者とが、本質的に相反するものであることを知っていた。社会主義的権力と民衆的革命とがとうてい一致することも調和することもできないものであることを知っていた。そして彼らは、……実はその敵である無政府主義者や民衆をただ革命の初期における旧勢力の破壊にもっとも有力なものとして利用することに努めた。……そして無政府主義者は、その間に、労働者や農民の大衆の中にまったく反権力的な自由な団体を十分発達させることに、その力を十分組織し集中する時機を失ってしまった。立ち遅れたのだ。

ロシア革命における無政府主義者の失敗と敗北の記述によって私は、アナーキズムが国家主義的、権力主義的〈革命〉の時代であった二十世紀における根底的な「もう一つ（alternative）」の思想原理であったし、そうであることを再認識するのである。大杉にボルシェヴィズムをめぐる認識の先見性をもたらしたのはこの思想原理であったし、民本主義批判の先見性を大杉にもたらしたのもこの思想原理であった。

3　「民本主義」とは何か

吉野作造は国家の主権は人民にあるという意味での民主主義を「絶対的または哲学的民主主義」として、その政治的な現実性を否定した。「人民主権」としての「民主主義」とはデモクラシーの正しい訳語ではないと吉野はいう。むしろ「国家の主権の活動の基本的な目標は政治上人民にあるべし」という「民本主義」こそがデモクラシーの正しい訳語であるというのである。「主権は人民にあり」とする「民主主義」は政治学的考察の対象にならない哲学的観念として斥け、国家の主権的行用たる政治の目的として人民があることを「民本主義」とし、そこにこそ政治学的考察の課題があるとするのが吉野の近代国家日本のデモクラシー論である。

いわゆる民本主義とは、法律の理論上主権の何人にありやということはおいてこれを問わず、ただその主権を行用するにあたって、主権者はすべからく一般民衆の利益ならびに意向を重んずるを方針とすべしという主義である。

「人民主権」としての法理上の「民主主義」概念を拒否する吉野の「民本主義」論とは主権の所在をめぐる議論の棚上げであり、主権の所在をめぐってどのような国家をわれわれは求めるのかという〈国家論〉の棚上げである。吉野は政治学的問いを国家的本質にまで遡及させることはしない。彼の政治学にとって〈国家〉はすでにあるのだ。すでにある〈立憲君主国〉日本の〈憲政〉の達成を求めるのが吉野の「民本主義」論であるのだ。だからこそ吉野は彼の「民本主義」論のタイトルを「憲政の本義を説いてその有終の美を済すの途を論ず」とするのである。吉野の

「民本主義」論の後の評価者は主権問題の棚上げを、「かれは、法理上の民主主義と政治上の民本主義を区別することによって、国体論をふりかざす閥族勢力から国体というイデオロギー的な武器をとりあげた。そして民衆の名において特権勢力に批判をむけたのである。明治憲法のわくのなかで民衆が政治に参加する領域を拡大してゆくことで立憲君主制を確立しようとしたのである」[4]と理解し、評価する。その通りだろう。だが吉野の「民本主義」論をあのタイトル通りに理解し、評価するものが見ないのは、「人民主権」という民主主義の本質的な意味を棚上げにした「民本主義」論がわが「民主主義」に生じさせた大きな〈空洞〉である。この〈空洞〉をめぐって論じる前に、吉野が人民主権的「民主主義」概念を拒否するにあたって、彼は幸徳ら社会主義者における「民主主義」概念をも否定することを見ておきたい。

社会主義者の運動は多くの場合において、民主共和の危険思想を伴うこと、従来諸国の例に明白だからである。現にわが国でも幸徳一派の大逆罪は、社会主義者の間から輩出したではないか。社会主義をまじめに研究せんと欲するものは、深くこの点に注意するを要する。要するに国家の本質を哲学的に考察し、国権は絶対的に無条件的に人民にあらざるべからずと抽象的に断定する時、民主主義はわが国のごときにおいて危険視されまた排斥せられてもしかたがないのである。[5]

吉野は幸徳らの社会主義と「人民主権」的志向を危険視し、さらにサンジカリズムとその反議会主義的直接行動論を徹底して批判し、非難している。幸徳と「大逆事件」を読み直してきたわれわれの眼からすれば、吉野の「民本主義」論とは「大逆事件」後の政治的言説、すなわち民衆的直接性を否認しながら議会主義的に新たに民衆を包摂していく政治的言説であることは明らかである。

4 「民主主義の寂滅」

吉野が「憲政の本義を説いてその有終の美を済すの途を論ず」を『中央公論』誌上に発表したのは大正五（一九一六）年一月である。その二年後、大正七年の一月にやはり『中央公論』誌上に「民本主義の意義を説いて再び憲政有終の美を済すの途を論ず」を発表する。これは前の論の補足的再論の形をとっている。たしかにタイトルを見ればそのように思われる。だから吉野作造の『評論集』(6)はこれを載せない。吉野の「民本主義」は前の論を見れば足りるとしているのだろう。だがこの「再論」を見れば、これが前論の補足的再論の枠をこえた、むしろ修正的再論というべきものであることが分かる。なぜ吉野は再び論じたのか。吉野は前の論で「民本主義」をこう説いていた。

民本主義は、政治の目的を一般人民の利益におくのみならず、政策の決定についても、一般人民の意向を終局において重要視することを要求するのである。終局において人民の意向を重くみるということは、……人民の意向に反しては何事もしない、すべての政治的活動は明示または暗黙のむしろ人民一般の承認なしには行われぬというだいたいの主義をいうのである。

この吉野の「政治の目的」は人民の利益にあるという言葉は、「人民主権」としての「民主主義」概念の拒絶にもかかわらず、吉野の「民本主義」とは「民主主義」ではないのかという疑問を生じさせる。これが吉野に「再論」を促した最大の理由だろう。「予の所謂民本主義は、結局押し詰めると矢張り民主主義になる、民本主義などというのは、畢竟装いを変じて人を欺くの類で、寧ろ初めから民主主義というの直截簡明なるに若くはない(7)」という説を前の論に寄せられた「第二の批難」と吉野はいっているが、むしろこれが第一の批難であり、吉野に再論を促した最大の理由であったであろう。もしそうなら、吉野はその再論で「これは畢竟民主主義ではないのか」と疑わせるような論理の修正、文章の削除をしなければならない。再論とはだから「民本主義」

の非「民主主義」概念としての純正化を意味している。「民本主義」概念を純正化することによって、吉野の「民本主義」論は「大逆事件」後の、あるいは〈ロシア革命〉進行下の政治的言説として、その理論的〈安全性〉を自己証明しようとしているかのようである。

だが「民本主義」概念の純正化をはかるこの「再論」は、本質的に弁明的な修正主義的言説として、読むに堪えうる論理性をほとんどもっていない。この「再論」によって世に時めく政治学者吉野の「民本主義」論を知る大杉が、「しかしだ、読んでみて実に驚く。なにが精到で、なにが徹底で、なにが該博で、なにが緻密なんだか、まるで分からない。いたるところ曖昧だらけだ。矛盾だらけだ。支離滅裂だ。よくもこんな粗笨《そほん》な頭を持てたものだと感心するくらいだ[8]」というのは罵言的誇張ではない。その通りだ。私は、「要は唯、今日では、参政権の賦与によって民意尊重の意義を徹底せしむる意味の民本主義が、憲政の本義であるという事を知れば足りる」ということに行き着く吉野の「再論」の論旨を、ここに何とか再現しようとして結局は断念した。この弁明的な説の行き着く先を見届けるのが精一杯で、そこに行き着く過程の曲折をここに再現するのに要する忍耐も時間も私にはないと思わざるをえなかった。そう諦めて大杉の論を読み直した私は、あの猛烈な罵言にもかかわらず大杉が吉野のあの「再論」を読み切り、見事に要約していることを知って驚いた。

吉野は「民本主義」に二義あることをいう。一つは政治の目的に関する民本主義であり、もう一つはその目的を達するための政権運用の方法に関する民本主義であるという。ところで「政治の目的は人民の利益にあり」とは吉野が前の論でいいきっていた「民本主義」の命題であった。だがこれが吉野の「民本主義」とは畢竟「民主主義」だという批難を呼び、彼の論を危険視させたのである。吉野は二年前に「人民主権」論を哲学的観念論としてネグレクトしたが、今度は「政治の目的」論をも同じく哲学的議論としてネグろうとする。それだけではない。フランス革命を通じて、少数貴族の専横に対する人民の抵抗原理であり、解放原理でもあったデモクラシー（吉野はこれを「民本主義ないし自由尊重論」という）の、国家主義の隆盛とともに生じた理念的優越性の喪失をもいっていくのである。

十九世紀の半ば過ぎ頃から、思想上これまで全能の君主たるの観在りし民本主義に対して、有力なる一個の勁敵《けいてき》があらわれた。之は云うまでもなく国家主義の思想である。……茲に於て従来の古い形に於ける民本主義は、新しい国家思想と相容れない訳となった。則ち従来政治上金科玉条とせられて居った民本主義は、国家主義に蹴落されて全然廃ったか、又之を根本義とする立憲政治は為めに全く其の存在の根底を喪ったかというに、必ずしもそうではない。少なくとも民本主義だけについて云えば今日此の主義は所謂国家主義の弊害を矯《た》める為めの主義として、矢張り政治上に依然其の存在の理由を維持しているのである。

現代における「民本主義」の存在理由を辛うじて見出すかのような吉野のこの議論をわれわれは一体どう考えたらよいのか。私は吉野の「再論」の論旨を再現することの断念をいいながら、ここで拙い再現を始めてしまっている。しかしこれは大杉による見事な要約を導くために余儀なく辿る言説的迂路としてお許しいただきたい。

大杉はこの吉野の国家主義の興隆による旧い民本主義の凋落と新しい民本主義としての持続をいう「再論」の論旨をこう要約する。

従来思想上の全能の君主であった民主主義に対して、有力な一個の勁敵である国家主義の思想が現われた。団体を離れて個人の生活はない。したがってその自由も権利もない。そして国家はこの共同生活体の最高様式である。かくして、個人的自由論は一大痛棒を加えられるとともに、最大多数の最大幸福論は自然と国家主義の中に捲きこまれた。最大多数というのが共同生活体ということの中にまぎれこまされちゃった。……民主主義がその政治上の絶対的原則たる性質を失って、たんに国家主義の弊害を矯めるための一相対的原則となったというのはこのときのことである。しかもその相対的たる、等しくまた相対的の国家主義と肩をならべるというよりも、むしろ国家主義に従属してというほどの意味のものとなった。

これは見事な要約である。吉野のしどろもどろの議論を大杉は国家主義時代の「民主主義」の衰亡史として読み切っている。国家に飲み込まれて行ったのは「民本主義」ではない、「民主主義」なのだ。そして国家に従属して辛うじて生き残った「民主主義」に吉野は「民本主義」の名をつけたのである。「民主主義」がその名まで失った衰亡史を大杉は「民主主義向上発展史」という。大杉は吉野の論を要約した上でこういっている。

以上は、民主主義がその民主主義としての名までもなくする前までの、政治史および政治学史上のその推移の歴史である。できるだけ吉野先生の言葉そのまま、説明そのままを書き写して、ただほんの少々先生の言葉の不足を、しかし先生の論旨に従って書き足しただけの、民主主義向上発展史である。この民主主義観によるに、民主主義をしてその民主主義たる性質を失わしめるまでに向上発展させたのは、疑いもなく国家の仕業である。すなわち民主主義のこの向上発展は近世国家確立の成果である。

大杉が吉野の「再論」の支離滅裂を見事に要約しえたのは、吉野の「民本主義」論を「民主主義」がその名さえも失う近代国家における民主主義の衰亡論として読み切ることによってである。

だから大杉は吉野の論を「民主主義の寂滅」を告げるものだというのである。吉野は近代国家に民主主義の制度的確立とその向上発展を期待するが、大杉は近代国家が民主主義に引導を渡したというのである。

再びくり返していう。フランス革命は、個人的自由の尊重ということを根本的精神とし、君主貴族の専横な虐政に反抗して立った、民主主義の成果である。そして、この民主主義の大往生は近世国家確立の成果である。民主主義は封建国家を打破った。そして近世国家は民主主義に引導を渡した。

近代国家の確立に「民主主義の寂滅」を見るこの大杉の「民本主義」論批判をわれわれはどう読むべきなのか。批判的逆説の誇張として、その意味を問うこともなく脇に置き捨てるか。われわれはいま制度的民主主義、議会制民主主義の文字通り形骸化した深刻な事態の中にいる。この事態を直視するものは、大杉の言葉をただの逆説として見捨てることはできない。われわれは戦後「民主主義国家」日本としての国家的再生をしていった。だが戦後の「民主主義国家」日本の国家的発展史とは、「民主主義」の衰退史ではないか、「民主主義」はもはや死に瀕していると大杉とともにいいたい。

われわれに必要なことは近代日本が大杉の殺害とともに見捨てていった近代国家と国家主義への本質的な批判を読むことである。この本質的批判を可能にした民衆的自治・自由論、民衆的直接行動論を「民主主義」の真の再生の力にしていくことである。私はそれが小田のいう「でもくらてぃあ（民の力）」だと思っている。

注

（1）ヴァディム・イェンドレイコ監督作品、日本語版のタイトルは「ドストエフキーと愛に生きる」。

（2）二〇一三年十一月以降、EUとの連合協定を棚上げしたヤヌコヴィッチ大統領に抗議するデモがマイダン（独立広場）を中心に広がった。二〇一四年二月、治安部隊がデモ参加者を銃撃し、多数の死亡者が出た。騒乱の中に大統領は逃亡した。ロシアは三月にクリミア半島を併合し、東部ウクライナにおけるロシア支援による親ロ派のロシア統合に向けての内戦が起こされていった。クルコフの『マイダン日記（英独版は『ウクライナ日記』）』はこのマイダンを舞台にしたウクライナ民衆の民主的独立運動の体験的記録である。

（3）大杉栄「無政府主義将軍――ネストル・マフノ」『大杉栄』（日本の名著46、中央公論社、一九六九）所収。なおマフノは後にパリに亡命し、一九三四年にこの地で客死したという。

（4）今井清一『大正デモクラシー』日本の歴史第二三巻、中央公論社、一九六六。

（5）吉野作造「憲政の本義を説いてその有終の美を済すの途を論ず」『中央公論』一九一六年一月、三谷太一郎編『吉野作造』（日本の名著48、中央公論社、一九七二）所収。

（6）岡義武編『吉野作造評論集』（岩波文庫）もこれを載せないし、前掲の三谷太一郎編『吉野作造』もこれを載せない。

(7) 吉野「民本主義の意義を説いて再び憲政有終の美を済すの途を論ず」『吉野作造選集』第二巻(岩波書店、一九九六)所収。ただし仮名遣いを現行のものに直した。

(8) 大杉「民主主義の寂滅」(一九一八年二月)、松田道雄編『アナーキズム』(現代日本思想大系16、筑摩書房、一九六三)所収。

7

河上は〈貧乏〉を再発見したか

——河上肇『貧乏物語』を読む——

実は世の富豪に訴えて、幾分なりともその自制を乞わんと欲せしことが、著者の最初からの目的の一である。貧乏物語は貧乏人に読んでもらうよりも実は金持ちに読んでもらいたいのであった。

河上肇『貧乏物語』

なぜ貧困状態にある人は、連帯保証人を探すのに苦労するのか。この問いは「貧困」を単に経済的な「貧乏」と同一視している限り、答えられない。

湯浅誠『反貧困』

1　『貧乏物語』があった

戦後数年たった時期、わが家にもマルクス主義関係の入門書とともに河上肇の『貧乏物語』があった。敗戦で特攻出撃を免れて土浦から帰った兄がやっと就職し、そして間もなく労働組合の活動家になった。その兄がマルクス主義や社会科学の入門書や概説書を次々に家に持ち込んできた。彼が家に持ち込んだのはそうしたマルクス主義的思想関係書だけではなかった。ある時はピカソの画集であり、ある時は荷風の小説であったりした。私は思想・文化の戦後的解放をこの兄を通して体験したように思われる。それは昭和二十二、三年の時期、私が中学三年から新制高校の一年になろうとした時期である。兄は習い覚えの唯物史観を私に語って聞かせたりした。

私はその兄が持ち込んできた本の中に河上肇の『貧乏物語』をたしかに見た。それが河上肇の名を知った初めであった。私は長くその時見たのが河上の最初に書いた『貧乏物語』であると思い込んでいた。だが今回講座の課題として『貧乏物語』をとりあげることに決めてはじめて河上に『第二貧乏物語』があることを知った。大内兵衛が最初の『貧乏物語』の河上を『人口論』のマルサスに対比させて、「河上の『貧乏物語』はマルサスとちがい奢侈の奨励を目的とせずその制限を主張したが、それでもその主張のモラルが完全にブルジョア的であった点では、まさにマルサスであった。マルサスがセンセーショナルであったように河上もセンセーショナルであった。マルサスが反動的坊主主義であったように、『貧乏物語』の著者もそうであった」といっている。だが河上がマルサスと異なるのは、彼が『貧乏物語』をすててしまったことだと大内はいうのである。「しかしマルサスは一生その貧乏くさい教義を固執したが、河上は間もなく、この『貧乏物語』をすてた。すなわち、彼はまず、『貧乏物語』のうちから貧乏の経済学の部をのこして他をすてて出版し、ついで『貧乏物語』全体を絶版にしてしまったのである。これは彼が唯心的個人主義を捨てて唯物的社会主義に近づいたことを示すものである。」

『貧乏物語』は大正五（一九一六）年『大阪朝日新聞』に連載され、翌年出版された。この出版は大内兵衛がいうようにセンセーションを巻き起こし、ただちに数十版を重ねたという。河上はこの『貧乏物語』を書いて間もなく、マルクス主義経済学に転身する。この転身は大正八（一九一九）年『社会問題管見』を著して以後であるという。彼はそれ以後、マルクス主義経済学説に立った著作を陸続と刊行していく。河上は「学説の自己否定と関連して、旧著の絶版を」も好んでやったという。彼は自身の思想的転身とともに蔵書をも売り払うことをしたという。「蔵書売払いで思い出したが、氏は自説の売払い——というのは変だが、自説として一旦発表したものを、後からどしどし否定して行くという点でも、学者仲間で異彩を放っていた」という逸名記者の評を河上は『自叙伝』で肯定的に引いている。(1) この記者は、「明治三十年代の著作以降、大正十年の『唯物史観研究』までは、恐らくその期間の全著作に対して絶版命令を出しているはずである」といっている。『貧乏物語』とは著者みずから絶版命令を下した著書であったのである。

2　二つの『貧乏物語』

河上は、「かくて大正十三年頃から「新たなる旅」に立った私は、その後、昭和三年四月、大学教授の職を退く頃になって、弁証法的唯物論―唯物史観―マルクス主義経済学、この一連の学問体系について、漸く大体の理解に達することが出来た」と『自叙伝』でいっている。『自叙伝』はその後に大正十四年から昭和七年にいたる自身の著書、翻訳書を挙げている。『マルクス主義のために』の後に、『第二貧乏物語』(昭和五年刊)が挙げられている。

『第二貧乏物語』(昭和五年刊)はその内容を目次から見れば、なぜこの本がこの書名をもつのか、その理由を見つけるのは難しい。これはもともと雑誌『改造』に一九二九年三月から三〇年六月まで連載されたマルクス主義的社会経済学説講義というべきもので、主題は「弁証法的唯物論」「唯物史観」から「資本主義社会の解剖」そして「資本主義社会の行き詰り――その必然的崩壊」にいたるものである。この内容からなる書がこの書名をもつのは、出版社も読者も、著者の抹殺的絶版の意志にもかかわらず『貧乏物語』を『第二貧乏物語』の背後に、あるいは遠い出発点に見ていたのかもしれない。河上肇という人とその著作は、著者自身は常に否定し、抹消しながらも、なお消え去らない過去を読者は背後に見てしまう苦行の転身者とその著作ではなかったかと思われる。この書はやはり『第二貧乏物語』でなければならないのである。この書の戦後版を編集し、出版した宮川実はその「解題」で、この『第二貧乏物語』は『改造』に連載されたときすでに数十万の読者によってむさぼるように読まれたばかりでなく、単行本になってからも、それがついに反動政府の手によって市場から姿を消すときまで、労働者や農民やインテリの間で情熱をもって愛読されたのである」[2]と戦後日本の左翼的口吻で語っている。『第二貧乏物語』は第一『貧乏物語』とともにセンセーショナルな出版であったのである。

河上に二つの『貧乏物語』があることを知った今から考え直すと、私がかつて一九四八年ごろにわが家で見た『貧乏物語』とはそのいずれであったのか分からなくなる。それはマルクス主義関係の概説書とともに兄が家に持ち込んだ『第二貧乏物語』であるのか。それとも河上肇の名とともにその古典性を失わない第一『貧乏物語』であるのか。少年の私があえて読もうとし、中途で放り出した記憶のある『貧乏物語』とは、河上の名とともに伝えられてきた第一『貧乏物語』であったはずだと思っているのだが、確かめる術もない。

3　〈貧乏〉という概念

私は半世紀を超える昔に読みかけて、途中で放り出してしまった『貧乏物語』を今あらためて読むことにした。だが私をこの書に向かわせる積極的な動機は、この書が私のさし当たっての課題であること以上にはない。著者自身が無意味として捨てた書を読むことの意味はどこにあるのか。かつて中途で読むことを止めて以来、再読しようとさえしなかったのは、読むことの意味を、あるいは読書を動機づける何かを結局見出しえなかったからではないのか。私は〈貧乏〉を主題とした日本の最初の経済学書として『貧乏物語』が、日本の「貧乏（貧困）問題」をどのように構成するのかを、せめてもこの書に読もうと思った。

だが河上の「序」の言葉、「しかして余が人類社会より貧乏を退治せんことを希望するも、ただその貧乏なるものがかくのごとく人の道を聞くの妨げとなるがためのみである。読者もしこの物語の著者を解して、飽食暖衣をもって人生の理想となすものとされずんば幸いである」[3]といった言葉は、ここには彼が正確な事態認識と解決の法を問いながら正面するような問題として〈貧乏〉があるのではないことを思わせる。

河上はまず〈貧乏〉を経済学的概念として再構成する。彼は〈貧乏〉には三つの意味があるという。第一は金持ちの相対概念としての貧乏である。富者に対する相対的意味での貧者はいつの時代、どの社会にも存在するのであって、この意味での〈貧乏〉をここで問うのではないという。第二の意味での貧乏人とは、他人の慈善や社会の救助を受けて生活を維持している困窮者である。この意味での貧乏人は西洋諸国でも数は多く、古くからその救助が重要な問題とされてきたと河上はいう。だが彼がここで、この『貧乏物語』で問題にするのは第二の意味での貧乏人ではないという。「私がここに、西洋諸国にはたくさんの貧乏人がいるというのは、経済学上特定の意味を有する貧乏人のことで、かりにこれを第三の意味の貧乏人といって置く。」この第三の意味の〈貧乏〉とは何かを説明するためには、「貧乏線」から説かねばならないと河上はいうのである。

「貧乏線」すなわちこの線以下を貧乏とするという境界線を引くためには、貧乏を数値化しなければならない。この数値化を可能にしたのは、一日の生活に必要な食料を熱量で表したカロリー計算であった。これによって労働者がそれぞれの労働に必要な体力を維持するに必要な食料とその経費を数値でもって示すことができるようになった。この方法にしたがえば、「一人の人間の生活に必要な食料の最低費用が計算できるはずである。……食費のほか、さらに被服費、住居費、燃料費およびその他の雑費を算出し、それを以て一人前の生活必要費の最下限となし、これを根拠として貧乏線という一の線を」引くことができる。この「貧乏線」を引くことによって、新たに〈貧乏人〉が規定されてくる。「この線以下に下れる者、言いかうればこの生活必要費の最下限に達するまでの所得をさえ有しおらざる者は、これを目して貧乏人とな」すのである。「貧乏線」が新たに〈貧乏〉と〈貧乏人〉を規定していく。これが河上における第三の意味の〈貧乏〉である。彼はこれを経済学上の〈貧乏〉だといい、また「生活の必要物を享受しおらずという意味の貧乏」として「経済上の不足《エコノミック・インサフィセンシィ》」といっている。ちなみに河上は第一の意味の〈貧乏〉を「経済上の不平等《インイクオリティー》」といい、第二の意味の〈貧乏〉を「経済上の依頼《ディペンデンス》」といっている。河上は誰かにしたがってこう呼んでいるのであろう。

　この「貧乏線」を引くことから構成される新たな〈貧乏〉概念は、「世界最富国の一たる英国の状態」についての驚くべき事実を知らせることになった。一八九九年、イギリスのヨーク市に住む「富裕なる商人の篤志家ローンツリーなる人がヨーク市にて綿密な調査」を行った[4]。これが社会調査史上有名なラウントリーによるヨーク市住民についての〈貧困調査〉である。その結果、イギリスを代表するしずかな古都ヨーク市に、その住民の三割に及ぶ貧困者のいることが実証されたのである。「経済界の好景気なりし一八九九年の調査なれども、その結果は実にかくのごときものであった。すなわち貧乏線以上に抜け出ることあたわず、肉体の健康を維持するだけの所得さえ十二分に得ることあたわざる者が、全市人口のほとんど三割に近づきつつあることがわかったのである。」

　河上は十九世紀末から二十世紀初頭にかけてイギリスで集中的になされた社会調査（貧困調査）

の報告によりながら、「世界最富国の一たる大英国にも、肉体の健康を維持するだけの所得さえもち得ぬ貧乏人が、実に少なからずいること」を大正五、六年の日本の読者たちに明らかにしていく。イギリスだけではない、ドイツにも、フランスにも、アメリカにもおびただしい数の貧乏人がいること、それはまさしく「二十世紀における社会の大病」であることを河上は日本人に教えるのである。生活可能な最低値として数値化された〈貧乏〉概念と〈貧乏線〉とともに顕わにされた最富国英国における大量の〈貧乏人〉をめぐる河上の『貧乏物語』というメッセージは何を意味するのだろうか。大正社会の読者はここから何を受け取ったのだろうか。『貧乏物語』が日本の読者界にセンセーションを巻き起こしたことはいわれている。しかしそこから日本社会に〈貧乏線〉を引いてみようとする試みをしたものはいない。そもそも河上自身がそんなことを毛頭考えてはいない。彼にはそもそも〈貧困問題〉があったわけではないのだから。私はここで〈貧乏問題〉といわずに〈貧困問題〉といった。なぜ〈貧困問題〉なのか。

4 "Poverty" の再発見

イギリスの十九世紀末期、すなわち一八八〇年代から九〇年代にかけての時期は、ロンドンなどにおける〈貧困〉の巨大な社会的実在が検証され、それをめぐる議論、まさしく〈貧困問題〉

が大きく論じられた時期であったという。[5] イギリスにおける〈貧困問題〉の登場の背景には、「大きくはドイツ・アメリカの資本主義の抬頭と肉迫とによるイギリス帝国の経済的動揺と、国内での恐慌の深化現象の開始に伴う社会不安の増大という事情」があると経済史家の木村正身はいっている。さらに国内的には、「とくにこのころ統計的に刻明詳細な貧困調査とその広汎・深刻な実在状況の挙示とがあい継いだことが、重要である」と木村はいう。ヨーク市の貧困調査をしたラウントリーに先だってチャールズ・ブースがロンドンの貧困調査をし、その厖大な調査研究『ロンドンの人々の生活と労働』（第一巻、一八八九年）で、八七年—九二年の「なみの好景気」時において、首都人口の約三割が貧乏の淵に沈んでいることを実証したのである。さらにすでに記したようにラウントリーがヨーク市で実施した貧困調査でロンドンの場合とほぼ同じような比率で貧困者が存在することを実証したのである。彼はここから推定して連合王国の諸都市人口の二五〜三〇％が貧困生活をしているという驚くべき蓋然性にわれわれは直面することになるといっている（ラウントリー『貧困——地方都市生活の研究』[6]）。この調査結果は国家における人民の健全な社会生活、あるいは文明的生活の存立そのものを疑わせることになった。

たしかにこれは、国家がその人民の福祉のためにもっと思考を集中すべきことであり、文明も、その基底にこうした挫折した人間生活を抱えているのでは、健全で安定しているとはいいがたい。ところでこの苦難は、ほとんど声なき声であり、その範囲とひどさも、知られないままにひさしく放置されたのかもしれないが、いったん判明した以上、まことに重要な社会問題群が解決をまつことを、われわれは知る。

ラウントリーのこの言葉は人びとの〈貧乏〉が、これらの社会調査を通じて解決すべき社会的問題として、すなわち〈貧困問題〉として再発見されたことを意味している。

〈貧乏〉も〈貧困〉も英語でいえば同じ"Poverty"である。だが市の境界のスラム街を構成する人びとの姿として、あるいは市中で物乞いをする姿として見えていた"Poverty"が、市の日常を構成する生活者たちのただ中に目には見えないが、しかし厳然としてある"Poverty"として、すなわち都市生活者のその中にある"Poverty"として再発見されたのである。これが再発見されることによって"Poverty"は意味を変えたのである。〈人びとの貧しさ〉から〈社会的貧困〉へと。われわれの漢語はこの再発見された"Poverty"を「貧困」の語をもっていうのである。

河上が「貧乏」の語の三つの意味をいい、経済学上に構成される〈貧乏〉概念、すなわち数値を以て統計的に可視化される〈貧乏〉の物語として語り出したのは、〈社会的貧困〉へと意味を変えた"Poverty"の物語であったのである。十九世紀から二十世紀へと、まさしく二十世紀現代へと転換しようとする時期、イギリスの注意深い調査手段をもった社会の観察者たちは、無視することを許さない数値をもって新たな"Poverty"を再発見したのである。それは今迎えようとする二十世紀的世界における人間の社会的生活条件とは何かを教えるような意味をもつ再発見であった。

〈貧困〉は常に再発見されねばならないとは、現在の〈貧困問題〉の論者たちのいうところである。(7) ラウントリーはあの〈貧乏線〉を引くことによって、〈貧乏〉を工業社会のワーキングプアの〈貧困問題〉として再発見したのである。それゆえあの〈貧乏線〉は〈現代貧困〉の発見にかかわる〈貧困線〉でなければならない。だが河上の『貧乏物語』はこの〈貧乏線〉をいいながら、どのような〈貧乏〉を語ったのか。

5　河上は〈貧困〉を再発見しない

私は〈大正〉という時代を二十世紀日本の始まりの時代として見るべきだと思っている。〈大正〉をどう読むかは、戦後日本を含む二十世紀日本をわれわれがどう理解するかに本質的にかかわることだと私は考えている。私が「大逆事件」を読み直すことから本書を構成する「大正を読む」講座を始めたのは、その意味からである。やがて始まろうとする時代に国家権力が先手を打ったというべき「大逆事件」は二十世紀日本に重い影を落とし続けたのである。

十九世紀の終わりの時期に、ラウントリーらが〈貧乏線〉を引くことによって発見したイギリスの都市住民における大量の貧困者の存在という事態は、二十世紀の〈大正〉の都市社会にも同様に見出される事態であったはずである。〈大正〉の都市とはそのような都市として、日本の産業社会化とともに生み出される大量の労働者たちを含みこんだ都市として生まれていったのではないか。そうだとすれば河上がイギリスの〈貧困調査〉とともに語り出していった『貧乏物語』とは、イギリスを借りて語った大正日本の〈貧乏〉再発見の物語なのだろうか。きわめてジャーナリスティックなセンスをもった河上は、ラウントリーらの〈貧乏線〉とともに語り出される〈貧乏物語〉が日本社会に対して持つセンセーショナルな意味を、たしかに感じとっていたはずである。だが河上が『貧乏物語』に実現していったことはそこまでのことだ。センセーショナルな〈貧乏物語〉を提供するという、そこまでのことだ。私は『貧乏物語』はジャーナリスティックな経済学者河上の言論的パーフォーマンスだと思っている。

もし十九世紀末イギリスの〈貧困調査〉に、現代産業社会における〈社会的貧困〉の発見にかかわる重大な意味を理解したなら、なぜこの大正の都市社会に〈貧乏線〉を引く試みをしようとしないのか。河上がしたことは〈貧乏〉概念の再構成をしただけの話である。彼は大正の都市社会に新たな〈貧乏〉を発見し、新たな〈貧乏〉すなわち「〈社会的貧困〉の物語」を語り出すことはなかった。『貧乏物語』はイギリスの〈貧困調査〉を儒教的なお説教の前座にすえた格好の話題に過ぎなかった。『貧乏物語』とは日本の社会経済学の貧困を示すものでしかない。だが『貧乏物語』の貧困をいうだけで、われわれの〈貧困〉への問いがおわるわけではない。むしろここから始まるというべきだろう。湯浅誠の『反貧困』の言葉を引いて、次章へのつながりとしよう。

それに対して（英米独などの例に対して）日本では、収入がいくら以下の水準だと貧困とみなすというような貧困指標（貧困ライン）が存在しない。そのため、憲法二五条に基づいて生存権を保障している生活保護法の定める基準（生活保護基準）が、国の最低ラインを画する最低生活費として機能している。つまり、生活保護基準は、生活保護受給者が毎月受け取る金額であると同時に、国全体の最低生活費でもある。したがって、日本における絶対的貧困とは、生活保護基準を下回った状態で生活することを指す。ところがすでに述べたように、日本政府は捕捉率を調査していないので、どれだけの人が最低生活費以下の貧困状態にあるか、公式の数字が存在していない。

注

（1）河上肇「私に対する批評の様々（その二）」『自叙伝一』岩波文庫。河上は雑誌『エコノミスト』（一九三三年二月十五日）に載った逸名記者による批評を、「好意をもって私の思想の変化動揺を忠実に観察してくれ」ていると肯定的に評価して『自叙伝』に長く引いている。

（2）宮川実「解題」河上肇『第二貧乏物語』（宮川実解題、三一書房、一九四八）。

（3）河上肇『貧乏物語』『河上肇』（現代日本思想大系19）所収。

（4）河上がここでローンツリーというのは、ベンジャミン・シーボーム・ラウントリー（Benjamin Seebohm Rowntree:1871-1954）である。ヨーク市に生まれ、父の経営する製菓会社の重役となり、会社経営に従事しながら社会学の研究に没頭した。ロンドンの貧困調査をしたブースよりも客観的科学的に「貧困線（貧乏線）」を規定して、一八九九年にヨーク市で第一回の貧困調査を行った。彼による「貧困線」の科学的規定は社会調査を大きく改善したとされている。なおラウントリーは一九五二年に来日している。

（5）私はいまイギリスのこの時期における〈貧困問題〉の生起をめぐって、木村正身氏の「近代主義的貧困観の成立――シーボーム・ラウントリーを中心に」（香川大学経済学部・研究年報8、一九六九）によって書いている。私はラウントリーを知ろうとして木村氏のこの論考にネット上で出会ったのだが、ラウントリーだけではない、イギリス十九世紀末期の〈貧困問題〉の登場をめぐる歴史上、理論上のさまざまな問題を氏の論考に教えられた。

（6）Benjamin Seebohm Rowntree, Poverty. A Study of Town Life. 1901. 長沼弘毅による邦訳がある。私はここでは木村氏の前掲論文における引用および紹介によっている。

（7）岩間正美『現代の貧困――ワーキングプア・ホームレス・生活保護』（ちくま新書）。湯浅誠『反貧困――すべり台社会からの脱出』（岩波新書）。

8

河上は『貧乏物語』をどう廃棄したのか

——河上肇『第二貧乏物語』を読む——

全くだ。資本主義は正に解決すべからざる矛盾に出喰わしているのだ。そしてその矛盾のために、それは「社会革命の勃発する前夜[1]」にあるのだ。話がここまで来ると、禅坊主ではないが、後は以心伝心だ。——しかし何にしても、『物語』のずっと最初に立ち帰って、矛盾は運動（すなわち変化）の母であるという弁証法を思い出して貰わねばならぬ。

河上肇『第二貧乏物語』

1 『貧乏物語』の理解

『貧乏物語』をめぐる二つの文章を読んだ。一つは杉原四郎の「『貧乏物語』の想源[2]」という河上肇における『貧乏物語』成立の思想的由来をめぐる文章であり、もう一つは山之内靖による「『改版 社会問題管見』序文[3]」という河上における『貧乏物語』の絶版にいたる事情について書かれた文章である。私は前章（「河上は〈貧乏〉を再発見したか」）で河上の『貧乏物語』を「ジャーナリスティックな経済学者河上の言論的パーフォーマンス」だと思うといった。だが師柴田敬を介して河上に連なる杉原四郎は、なお『貧乏物語』に後期河上につながる「社会主義」という糸を見出そうとしている。

河上は大正四（一九一五）年二月、一年四カ月の欧州留学を終えて帰国した。その年の十二月に河上は留学中の文章をまとめて『祖国を顧みて』（実業之日本社）を刊行した。その頃河上は櫛田民蔵あての返書でこう書いている。「小生此頃貧民の事ばかり考へ居候。勉強もせうと思ひますが、追々社会主義の伝道にも力を分つ積りです。その中『現の世より夢の国へ』と題し、社会主義論、大阪朝日に連載可致と存居候。」河上の帰国時の、そして『貧乏物語』連載に先立つ時期の心境を示す文章として貴重である。大阪朝日の連載は一年後に『現の世より夢の国へ』としてではなく、『貧乏物語』として実現する。杉原は大阪朝日の連載がなぜ『貧乏物語』となったのかを問うていく。

河上は「畢竟英米独仏の諸国が貧乏人の実におびただしきにかかわらず、世界の富国と称せられつつあるは、古今に稀なる驚くべき巨富を擁しつつある少数の大金持ちがいるためである」という、世界の文明国におけるこの由々しい病態を「二十世紀における社会の大病」と呼んでいる。ではこの「社会の大病」をどのように治癒したらよいのか。河上はここから欧州においてすでに盛んな経済組織の根本的改造としての「社会主義」に言及していく。欧州大戦時のドイツについて、「軍国主義によって支配されつつあるドイツは、いまや一箇の社会主義的国家になりつつある」という説を河上は紹介している。ただ河上は「社会主義」という語を避けて、この改造を「国家主義」的改造という。では河上は〈貧乏〉の増大という社会的大病を治す根本策は、一国の経済組織の「社会主義」的あるいは「国家主義」的改造にあるというのだろうか。河上はこの問いに答えて「否」という。

ここに根本問題というは、いわゆる経済組織の改造なるものは、これをもって貧乏退治の根本策中の最根本のものとなすことを得るかという問題である。しかして読者にしてもしこの問題をもって、いま私に迫られるならば、私はただちにこれに答えて否という。

なぜ「否」なのか。河上はいう。「制度や仕組みを変えようと試みたとしても、まず社会を組織せる一般の人々の思想、精神が変って来ていなければ、ことに今日のごとき輿論政治の時代においては、容易にその制度なり仕組なりが変られるものではない。」「その制度仕組を運用すべき人間そのもの、国家社会を組織している個人そのものが変って来ぬ以上、根本的の変革はできるものではない。」人心の改造なくして社会制度・仕組みの変革はないと河上はいうのである。だが〈貧乏問題〉の解決には社会改造が急務だとする主張に対して「否」という河上の回答を、はたして『貧乏物語』の読者は予想しえただろうか。欧州留学から河上は〈貧乏問題〉という二十世紀先進国に共通する深刻な社会的病状と、それへの国家的な政策的対応と社会の運動的対応の実状とを、まず報告すべき大事として持ち帰ったのではなかったか。河上の〈貧乏〉をめぐる大正社会への問題提起的報告『貧乏物語』が人心改造論に帰着してしまうことを、この連載の読者のだれが予想しただろうか。

『貧乏物語』が〈貧乏問題〉という問題提起だけに終わっているあり方を指して私は、「ジャーナリスティックな経済学者河上の言論的パーフォーマンス」だといったのである。だが河上の人生に社会主義者としての一貫した求道の過程を見ようとする人びとは、『貧乏物語』をもって河上の一時のパーフォーマンスと見ることはできない。河上を敬愛する杉原はこう問うのである。

「社会主義が二十世紀の最大の問題であり、これを解決することがわが国にとっても焦眉の急であるという意識をもって帰国した河上は、なればこそ社会主義の伝道を決意し、『大阪朝日新聞』に連載をはじめたのに、その結論は人心改善政策に終ってしまった――しかもその為の何の具体的政策も示さぬままに――のはどうしてなのか[4]」と。杉原はこう問いながら、その答えをみずから記している。「だが体制の根本的転換という事態が生ずるためには、経済観、道徳観、人間観の根本的転換がその前提として、またそうした転換を円滑に実現する条件として必要であるという問題意識が当時『貧乏物語』の執筆過程で河上に強まってきたのではなかろうか」と。

だがこれは社会主義者河上を敬愛する杉原だからする理解であって、『貧乏物語』の一般の読者、あるいは後の時代の読者がする理解ではない。私はやはり大内兵衛がその「解説」で忌憚なくいうように、河上は『貧乏物語』を坊主主義的なお説教をもって終えているとみなさざるをえない。大正四年の帰国時に河上がもっていた「社会主義の伝道」という志は失われ、『貧乏物語』では坊主主義的説教に姿をかえてしまったと読まざるをえない。そう読むことによって、河上自身による『貧乏物語』絶版の意味をも理解することができるだろう。逆にいえば、杉原のように理解したならば、『貧乏物語』の著者自身による絶版の意味はとらえにくくなってしまうだろう。

2　『貧乏物語』の絶版

ここで『貧乏物語』をめぐる二番目の文章に移ろう。それは山之内靖による「『改版　社会問題管見』序文」という文章である。河上は大正六（一九一七）年に『貧乏物語』を出版し、その翌年（一九一八）に『社会問題管見』を弘文堂から刊行する。これは個人雑誌『社会問題研究』の創刊（一九一九）とともにはっきりとマルクス主義者に転身した河上が脱ぎ捨てた過去の最後の形見ともいうべき著作である。それゆえ河上はこの『社会問題管見』を『貧乏物語』とともにみずから発売禁止にする。だがなお脱ぎ捨てたはずの過去に未練を残す河上は、『貧乏物語』の「上篇と中篇と、それに下篇の一小部分」をもって『貧乏物語断片』とし、これを再編集された『社会問題管見』と合して『改版　社会問題管見』を刊行しようとした。恐らくこれは『貧乏物語』の継続的刊行を希望する出版社と河上との妥協的産物だろう。『改版　社会問題管見』は大正九（一九二〇）年に奇妙なことに大正七年版『社会問題管見』の「序文」を付したまま刊行された。実際には河上は『改版社会問題管見』のための「序文」を書いたのである。それはすでに印刷され、それを付した『改版　社会問題管見』が刊行されようとしていた。だが河上は急遽それを廃棄して、旧版「序文」を付した『改版　社会問題管見』の刊行を弘文堂に告げたのである。これは異様な事態である。この異様な事態を引き起こした現場に居合わせた小島祐馬が、その事情を説明する文章を書いている（『河上肇著作集』第七巻「月報」）。山之内靖はこの小島の文章によりながら、廃棄された『改版 社会問題管見』の序文「改版 社会問題管見序」を翻刻して「『改版 社会問題管見』序文」を発表した。これは『貧乏物語』だけではない、マルクス主義者への転身時の河上のことを教える貴重な文章であり、資料である。

「改版 社会問題管見序」の冒頭で河上は『貧乏物語』について、「大正八年五月に第三十版を出したのを最後として、それ以来今日に至るまで、之を絶版にしてゐたのである。『貧乏物語』の絶版は、もつと早く断行すべきであつた。それが、そんなに延び延びになつたのは、今から思ふと、自著に対する著者執着の致せる禍であつて、私の竊に耻づる所である」といっている。『貧乏物語』を絶版にしながら、河上にはなおこれに対する愛着があり、未練があるのである。その未練が、『貧乏物語断片』を再構成して『社会問題管見』と合して『改版 社会問題管見』を刊行しようとする企図をもたらしているのである。過去を全くには脱しきれぬ未練がましさが、「序」のこういう言葉ともなっている。「一旦『発売禁止』にしたものを、更に『検閲』して其大半を抹殺し、死んだものを世に出すのは、見つともないに相違ないけれども、姑く読者の寛容を請ふの外はない。」廃棄された「改版 社会問題管見序」がわれわれに教えるのは、マルクス主義転身時の河上には『貧乏物語』の上・中篇の「貧乏論」への捨てきれぬ愛着があったということである。

もう一つこの「序」が教えるのは、『貧乏物語』の下篇における「人心改善策」の展開と〈坊主主義的説教〉をもって結ぶあり方には、ロシア革命の勃発という世界情勢に対応する国内的社会情勢の急激な変化が影響しているということである。しかしその影響はさほど深いものではないという書き方を河上はしている。これはこの時期における河上の自己認識のあり方をしめすものとして貴重である。

さう云ふ時代であつたから、私は経済組織の改造に就ては、思ふ所を十分に述べ得なかつた事情が無いではなかつたが、しかし私は、嘗て山川均君が批評されたやうに、当時は組織改造と人心改造との二頭立ての馬車を駆つて居たのであるから、組織改造の赤馬の方には可なり手綱を弛めて仕舞つても、人心改造の白馬をば思ふ存分に鞭うつことによつて、此物語の結論に達することが出来た。けれども今日になつて見ると、其結果は、車を右へ右へと曲げて仕舞つて、本通りをずつと外れたやうである。

なおこの「序」が書かれたのは大正九（一九二〇）年三月である。この時点での河上の自己認識はかなり甘いものであることが知れる。二頭立ての馬車に乗ってきた、あるいは今もまだ乗っている自分を否定しようとはしていないし、マルクス主義への転身をもう一頭への乗り換え程度に思っているようだ。河上はなお『貧乏物語』への未練を残しているのである。この河上の甘さを決定的に気付かせたのは櫛田民蔵であった。櫛田は河上の一番早い弟子でありながら、河上をマルクス主義に導いたのは櫛田であった。櫛田の河上への決定的批判はある日、ある所での櫛田の態度をもって示された。その場面に小島祐馬は同席していたのである。その場面を記す小島の文章を、山之内の文から孫引きしておこう。

大正九年の三月半ば過ぎであったと思う。私は櫛田民蔵君と二人で河上さんをその自宅に訪問していた。そこへ弘文堂から『改版 社会問題管見』の製本ができたといって、見本を一冊届けて来た。河上さんは一瞥しただけでそれを私どもに示した。見てみるとそれには八頁に亙る長い序文がついていて、前にいったような内容の差し替えを説明した外に、『貧乏物語』を書きはじめた頃からの社会状勢の急激な変化や、それにともなう河上さん自身の心境の変化などが詳しくそこに書かれてあった。河上さんは櫛田君にたいし「どうでしょう」とただ一言いったが、櫛田君は何とも答えず、不機嫌な顔をして首をかしげていた。すると河上さんは待たせてあった使にその見本を返し、弘文堂に命じて、すでに刷り上がっていた千冊分のその序文を全部破棄して、……二年前の『社会問題管見』の序文を、そのままそこに挿入させたのであった。

櫛田は口を閉ざしたまま、その態度で、師河上の思想的転身の甘さへの根底的な批判を示したのである。河上はその櫛田の態度が『貧乏物語』に未練を残した自分への根底的な批判であり、否定であることを即座に理解したのである。私は小島が伝えるこの逸話に希有な師弟関係を見るより、この時代の、この人におけるマルクス主義者への転身のあり方を見たい。

3 『第二貧乏物語』へ

河上はマルクス主義者への転身を白馬から赤馬への乗り換え程度に考えていたのかもしれない。すでに引いた「改版社会問題管見序」の「二頭立ての馬車」に擬していう文章を読むと、文章家河上はこの修辞を自慢気に記しているようにさえ見える。ところで『貧乏物語』下篇の白馬か赤馬かの選択問題を提示するくだりで河上はマルクスの『経済学批判』の文章を引いている。マルクスがその「序」でいうマルクス主義的命題、すなわち「人間の意識が人間の存在をきめるのではなく、人間の社会的存在が人間の意識をきめるのである」を導く箇所を河上は引用している。「その（社会の経済的構造の）基礎の上に法律上および政治上の上建築が建立され、また社会意識の形態もこれに適応するものである。すなわち物質的生活上の生産方法なるものは社会的、政治的および精神的の生活経過をばすべて決定するものである。」（十一の二）。河上はみずからこう訳し出しながら、マルクスを白馬（人心改造論）に対する赤馬（社会改造論）を御するものの代表とみなすのである。すなわち「経済組織がまず変ってしかる後に人の思想精神が変る」という立場の主唱者とするのである。やがて河上は『貧乏物語』でマルクスの赤馬主義を「恒産なくして恒心なし」の孟子の同類とみなしていく。大内ならずとも河上の儒家的坊主主義にわれわれもまた唖然とする。

「改版　社会問題管見序」を手にした櫛田が沈黙をもって示した批判は、「二頭立ての馬車」の修辞をなお弄ぶかのような河上のマルクス主義転身の甘さを一気に突き崩した。河上が改版の「序」を破棄して、旧版の「序」のままに『改版　社会問題管見』を刊行させたのは、この書の事実上の破棄を意味するものであったであろう。河上はやがて『貧乏物語』とともに、これらの著作を全的に破棄するのである。マルクス主義者になるということは、「二頭立ての馬車」を乗り換えるというようなものではないことを、櫛田は沈黙をもって河上に痛烈に悟らせたのだ。

河上のその後の著作活動は『貧乏物語』にいかなる未練をも残さない形で進められる。『自叙伝』で「大正十三年頃を分水嶺として」自分の書いたものは一変したと河上はいい、それ以後年毎に出された著作を挙げている。『資本論略解』（大正十四）『レーニンの弁証法』（翻訳・大正十五）『経済学批判序説』（翻訳・昭和二）『資本論』第一巻第一分冊（翻訳・昭和二）『マルクス主義経済学』（昭和三）『経済学大綱』（昭和三）などなど。そして『第二貧乏物語』が昭和五年に刊行される。これが数年前まで「二頭立ての馬車」などといっていた河上のマルクス主義者としての著作活動である。

『第二貧乏物語』は昭和四（一九二九）年の春から翌五年の夏まで雑誌『改造』に連載されたものを一冊の単行本にまとめたものである。この書の内容を宮川実はこう解説している。

（河上がこの書で企てたことは）第一に、われわれがいまその中に住んでいる資本主義社会がなぜ不可避的に崩壊し、より高い社会形態である社会主義に移ってゆかざるをえないかを、科学的に立証すること。第二に、かかる歴史の運動のなかで、われわれは正しく生きるためにはいかなる行動をとるべきかを、かかる科学的な分析に基いて明らかにすること、であった。この目的のために先生は、まず、マルクス・レーニン主義の理論的基礎である弁証法的唯物論と史的唯物論（唯物史観）とを説明された。そしてさらに進んで先生は、弁証法的唯物論と史的唯物論とに基いて、資本主義の経済構造を分析し、その発展法則を明かにせられたのである。(5)

これは正しい解説だ。河上が『第二貧乏物語』で語るのはこの通りだからである。だがこの正しい解説で、なぜこれが「第二」の『貧乏物語』であるかの理由を何もいっていない。彼らの用語をもっていえば、なぜこれが『(第二) 貧乏物語』を止揚した『(第二) 貧乏物語』であるかの理由を何も語っていない。なぜこれが『第二貧乏物語』であるのか。

4 なぜ『第二貧乏物語』なのか

河上は『第二貧乏物語』の第九章「唯物史観 (その3)」で安部磯雄の『社会民衆党綱領解説』から次のような一節を引いている。「要するに危険思想は多く生活難から生ずるものであるから、直接に危険思想を取締まるよりも先ず生活難の解決に努力する方が賢明な途ではないかと思う。」社会民主主義者からは当然聞かれるような大衆救済の課題を政府に向けて政府非難としていうこの言説を、河上は「滑稽」な言説として揶揄的に批判していく。なぜ「滑稽」なのか。安部は救済の「努力」をいうが、それは「すべて資本主義の埒内において行われることを条件としているのであり、結局のところそれは資本主義の永久的維持のための『努力』を意味するに外ならぬが、もしそうだとすれば、それは同時に、資本主義的な社会的存在の思想的反射たる謂わゆる危険思想を発生せしめ普及せしめるための『努力』にすぎぬこととなるから」だというのである。そしてさらに河上は、「氏の謂わゆる『生活難の解決』なるものが、真に徹底的な解決を意味するのであれば、それはそれ自身がブルジョアジーから見ての謂わゆる危険思想に外ならぬであろう」というのである。さらに付け加えれば、「被圧迫大衆の生活難を真実に徹底的に解決せんとする」のは「マルクス主義」だと河上はするのである。

安部の言説に対する河上のこの揶揄的批判の言説がもつ論理を理解するには、「マルクス主義」とマルクス主義的「資本主義」の理解を前提にする。いいかえれば上の段落の最後に河上がいう「被圧迫大衆の生活難を真実に徹底的に解決せんとする」のは「マルクス主義」であることの理解から遡行することによってはじめて安部に対する河上の揶揄的批判の意味は明らかとなるのである。これは典型的な演繹論的な言説である。これはすでに〈真理性〉をもった全体的《ホーリスティック》な世界理解の体系「マルクス主義」とマルクスによる全体的な「資本主義」理解の体系『資本論』とを前提にした演繹論的な言説である。私は一気に結論的なことをいってしまったようだ。だが『第二貧乏物語』のどこを開こうと金太郎飴のようにマルクスからの演繹論的な論理の構造だけが見えてしまうのである。

『第二貧乏物語』でわずかに〈貧富格差〉の問題にふれているのは、第十二章の「驚くべき貧富の懸隔」においてである。河上はそこで日本最大の金融資本家岩崎男の恐るべき巨額の所得を一方の例としてあげ、他方にメンネル工場で長時間労働に従事する工員の実例を手紙によってあげている。日本の貧富格差の実例はそれだけで、他は中国における悲惨な少年労働者の実状報告を翻訳書から引いている。河上にとって〈貧富格差〉の実状は議論の始まりとしての挿話をなすものにすぎない。それらは決して議論の主題を構成するようなものではない。『貧乏物語』においてラウントリーの貧困調査は〈貧困問題〉を構成する中心的報告であり資料であった。それなくして〈貧困問題〉という主題はなく、『貧乏物語』もない。だが『第二貧乏物語』において〈貧富格差〉の実例は、この問題へのマルクスの正しい「科学的解答」を知るための導入的挿話であるにすぎない。「マルクスの成し遂げた『剰余価値による資本家的生産の秘密の曝露』は、すなわちこれらの問題に対し、明白なる科学的解答を提供する」ものだとして、河上はこういうのである。

意見が世界を支配するとの観念論的な見解を徹底的に排斥したマルクスが、資本家的生産のもたらした配分の異常なる懸隔を、――「一方においては少数者の掌中への資本の集中、他方においては大都市への無産大衆の集中」を、――単なる道徳論によって非難することに満足しなかったのは、当然である。彼にとっての問題は、「新たに出現した社会的害悪をば、現存せる生産の仕方の必然的結果として、しかしまた同時にその生産の仕方の上に落ちかかっている崩壊の前兆として、論証することであり、且つこの崩壊せんとする経済的運動形態の内部において、将来のかの弊害を廃除する新たなる生産および交換の組織を発見すること」であった。

もし現代における驚くべき貧富の懸隔に対し、多くの人々がすでに道徳的憤懣を感じつつあるのであれば、その意識こそは、「物質的生活の矛盾から、社会的生産諸力と生産諸関係との間に現存する衝突から説明されねばならぬのである。」道徳から経済が判断さるべきではなく、逆にその道徳が経済から説明さるべきものなのである。だから吾々は、単なる道徳的説教をもって満足せず、むしろ「物質的生活の矛盾」が――「生産諸力と生産諸関係との間に現存する衝突」が――如何にして不可避的なものとなっており、従ってまたその解決の策が如何に必然的なものとして規定されているかを、専ら経済学の研究のうちに求めんとするのである。

読みにくい、判りにくい文章を河上は書き連ねている。文章家の河上はマルクス主義者になるとともに、代表的なマルクス主義的悪文家になったようだ。この読みにくい悪文によっていうことは、〈貧乏問題〉の精到な解明も、その最終的な解決にいたる見通しもすでにマルクスはつけている。われわれにすでに与えられているこの正しい「科学的解答」(『資本論』)を学ぶことが、〈貧乏問題〉へのわれわれがとるべき正しい対応だということである。かくて『第二貧乏物語』とは

『資本論入門』となるのだ。

河上は櫛田の沈黙の抗議の姿勢に接して『貧乏物語』を破棄した。河上は『貧乏物語』を破棄するとともに、彼にとっての〈貧乏問題〉をも破棄してしまった。すでにいうように〈貧乏問題〉とは再発見されるものである。われわれが再発見することなくして〈貧乏問題〉はない。われわれの社会的感性は〈貧乏〉に、あるいは〈格差〉に道徳的な憤りをもって反応する。この反応から〈貧乏問題〉は再発見されるのである。『貧乏物語』の河上とはこうした〈貧乏問題〉の再発見者であったであろう。だが『第二貧乏物語』の河上は、『貧乏物語』の己自身をあたかも否定しているようだ。〈貧乏問題〉の本質的解明とその最終的解決をマルクスによっていう『第二貧乏物語』は〈貧乏問題〉をむしろ喪失する。『第二貧乏物語』とは「貧乏物語」ではない。『貧乏物語』は岩波文庫に収められ、多くの版を重ねている。だが『第二貧乏物語』を読むものはすでにいない。

注

（1）「　」内は初版（一九三〇年）の伏字が、戦後再版（一九四八年）の際、編者である宮川実によって復元されたものである。

（2）杉原四郎「『貧乏物語』の想源」『立命館経済学』第四四巻・第三号、一九九五年八月。
（3）山之内靖「『改版 社会問題管見』序文」『経済論叢』京大経済学会、一九七九年十二月。この二つの文章のコピーは昭和思想史研究会メンバーである田中敏英氏より与えられた。
（4）前掲、杉原「『貧乏物語』の想源」。
（5）宮川実解説『第二貧乏物語』の読者のために」河上肇『第二貧乏物語』三一書房、一九四八。なお河上の『第二貧乏物語』からの引用にあたっては現代的表記にあらためている。

9

〈貧困・格差〉論と「資本主義」の読み方

マルクス『資本論』の立場からすれば、資本主義的社会問題の核心としての貧困問題は、なによりも資本の蓄積の対極として必然的な貧困の蓄積、すなわち貧困化の問題の現象形態として把握されるものと解される。すなわちそれはいわゆる「貧困化法則」（資本制蓄積の一般的法則）の実現の例証としての意味をもつであろう。

木村正身「近代主義的貧困観の成立」

1 『資本論』がすでにあること

『資本論』がすでにあるということは、〈貧困・格差〉論にとって何を意味するのだろうか。それは次のような労働者の階級的貧困化の必然性をいう理論的言説が、すでに権威をもって存在することを意味している。私は「権威」といったが、その権威とはただ外部的に与えられた政治的なものをいうより、「資本主義的」生産様式と生産過程のマルクス的に徹底した理論的解明が後継者にもたらした権威、すなわち理論的権威である。『資本論』がすでにあるとは、「資本主義」解読の理論的権威性をもってそれがすでにあることを意味している。そのことは後継のマルクス主義的理論家にとって「資本主義」が、すでになされた「資本主義」の読解的法典『資本論』の精読によって再認識すべき対象となるか、あるいは理論的法典『資本論』を補充すべき実証的な現状分析的作業の対象となるかのいずれかである。ともあれマルクスはすでに「資本主義的」生産過程における労働者の貧困化の必然性をいっているのである。

だから、資本の蓄積に応じて、労働者の状態は、彼の賃金がどうであろうと、高かろうと低かろうと、悪化せざるをえないということになる。最後に、相対的過剰人口すなわち産業予備軍をつねに蓄積の規模とエネルギーに均衡させるという法則は、ヘファイストスのくさびがプロメテウスを岩に釘づけにしたよりももっと固く、労働者を資本に釘づけにする。それは資本の蓄積に照応する貧困の蓄積を必然にする。したがって一方の極における富の蓄積は、同時に反対の極、つまり自分の生産物を資本として生産する階級の側における貧困、労働苦、奴隷状態、無知、粗暴および道徳的堕落の蓄積なのである。(『資本論』第一巻・第七篇・第二三章)[1]。

マルクスは労働者の貧困化の必然性をいうとともに、これを必然化する「資本主義的」私有からなる生産体制の終焉の必然性をも予告的にいうのである。マルクスは『資本論』第一巻の最終章でグローバル資本主義としての現代世界を予告するように「資本主義体制の国際的性格」をもった発展をいう。同時にこの発展が「資本主義的」体制の終焉をもたらすことをもいうのである。

いつも一人の資本家が多くの資本家を打ち倒す。この集中すなわち少数の資本家による多数の資本家の収奪と並んで、ますます大きくなる規模での労働過程の協業的形態が、……世界市場の網のなかへのすべての国民の組み入れが発展し、それとともに資本主義体制の国際的性格が発展する。こういう転化過程のあらゆる利益を横領し独占する大資本家の数がたえず減少していくとともに、貧困、抑圧、隷属、堕落、搾取は増大していくが、しかしまた労働者階級の反抗も増大させつつ、資本主義的生産過程そのものの仕組によって訓練され結合され組織されていくのである。資本独占が、それとともに開花しそれのもとで開花した生産様式の桎梏となるのだ。生産手段の集中も労働の社会化も、それらの資本主義的外被とは調和できなくなる点に達する。外被は爆破される。資本主義的私有の最後を告げる鐘が鳴る。収奪者が収奪される。

(『資本論』第一巻・第七篇・第二四章)

労働者の貧困化の必然性と貧困問題の最終的解決としての資本主義的体制の壊体の必然性をも予告的にいう『資本論』がすでに与えられてあるということは、「貧困問題」を考えるマルクス主義経済史家にとって何を意味するのだろうか。

2 『資本論』をすでにもつ「貧困問題」

河上の『貧乏物語』が伝えるイギリスの「貧困問題」を考えるにあたって、私に多くのことを教えたのは木村正身の論文「近代主義的貧困観の成立[2]」であった。十九世紀末期のイギリスにおける社会問題を構成していったラウントリーらの貧困調査をめぐって多くのことを私に教えたこの論文は、マルクス主義経済学・経済史にとって「貧困問題」あるいは「貧困論」とは何かをも私に教えた。「近代主義的貧困観の成立——シーボーム・ラウントリーを中心に」というこの論文の主眼は、「ブルジョア的な貧困問題論は、理論史的には、とくにマルクス『資本論』の導入による即時的なインパクトを直接的契機として、しかし同時に各国ごとの資本主義の段階変化とそれに照応した労働者およびその他の勤労者の生活状態および運動の推移にも規定されながら、大きく旋回したであろうことが見当づけられる。われわれは、その状況をとくにイギリスについて吟味」することにあると木村はいっている。木村は彼が吟味しようとする十九世紀末イギリスの「貧困論」的状況は『資本論』の登場（第一巻、一八六七年刊行）をその論成立の直接的契機としてもっているような理論史的状況だといっているのである。『資本論』は木村のこの論を何重にも規定している。まず彼にとってすでにある『資本論』は彼の「貧困問題」の構成と視点とを本質的に規定している。そして彼が論じようとする十九世紀末イギリスの「貧困論」成立の契機に『資本論』の登場がすでにあるというのである。『資本論』をすでにもつ「貧困問題」とは次のように定義される。

マルクス『資本論』の立場からすれば、資本主義的社会問題の核心としての貧困問題は、なによりも資本の蓄積の対極として必然的な貧困の蓄積、すなわち貧困化の問題の現象形態として把握されるものと解される。すなわちそれはいわゆる「貧困化法則」(資本制蓄積の一般的法則)の実現の例証としての意味をもつであろう。

『資本論』の「貧困化法則」が「貧困問題」の本質を規定している。現実の「貧困問題」とはこの本質のそれぞれの条件における現象化、あるいは実現である。マルクス自身は「この法則も他のあらゆる法則と同じく、その実現にさいしてはいろいろの事情によって修正されるが、これらの事情の分析はここでは問題にならない」(第七篇・第二三章)といっている。だが『資本論』をすでにもつマルクス主義経済学者は現実の「貧困問題」をさまざまな事情における「貧困化法則」の実現のあり方として追跡し、「貧困問題」を資本制的階級社会の根底から明らかにしなければならない。木村はマルクス主義経済学者におけるこの課題をこう語っている。引用は長いが、『資本論』をすでにもつマルクス主義経済学者における「貧困論」の構成のあり方を教える貴重な文章として一節全部を引いておこう。

しかし、これらの介在的・修正的諸事情(子安注　マルクスがいう「いろいろな事情」)は、労働運動であれ、国家的および民間的な種々の社会改良であれ(社会保障および社会福祉が、まさにこれにふくまれる)、さらに、資本主義の外延的および内包的な不均等発展にもとづく貧困の転嫁であれ、あるいはまた、独占価格・租税・インフレーション等によるいわゆる副次的・流通的搾取の進行であれ、最後に、現代資本主義に特有な大衆社会化現象のもとでのブルジョア的高度消費のデモンストレーション効果による勤労者生活の攪乱と不満感増大であれ、――いずれもけっして恣意的に登場するものではなく、その一つ一つが資本主義の特殊歴史的な条件のもとに独自な弁証法的な登場の必然性と関連とをもって形成展開されるものであろうし、また、それら諸要因がいったん登場すれば、その次元で、主導的法則との錯綜した連関の全体の弁証法的運動が、歴史的現実としての貧困の定在を規定するにちがいない。その追跡は、理論的にじゅうぶん可能であるはずだが、しかしそれはおそらくきわめて厖大な操作を必要としよう。（傍点は子安）

この文章はわれわれにマルクス主義経済史家にとって「貧困問題」とは何かを考えさせる。彼らにとって〈貧困〉論の課題とは、あの「貧困化法則」が現実の錯綜した諸事情との弁証法的運動を通して歴史的現実としてのこの「貧困の定在」を規定していると認識することにあるといっているように思われる。『資本論』がすでにあるとは、マルクス主義者にとって〈貧困〉の事実が『資本論』の「貧困化法則」の実例になってしまうことなのだ。〈理論〉の〈事実〉に対する転倒的優位とは、『資本論』をすでに存在する権威として受容した日本のマルクス主義知識人に著しい通弊である。

ところで『資本論』がすでにあるとは、「資本主義的生産様式とそれに照応する生産・交易関係」（「第一版まえがき」）とが、物理学者が自然過程を「最も簡潔な形で、できるだけ攪乱的な影響にかき乱されることのないところで」観察し、法則性を発見する形で認識し、理論化して記述するように、「資本主義」がマルクスによって観察され、発見され、認識され、理論化され、記述されてあるということである。『資本論』がすでにあるというのは、「資本主義」がそのように発見され、理論化され、記述されてすでにあるということである。少なくとも一九六八年にいたる二十世紀世界には『資本論』は「資本主義」とともにすでにあるものとしてわれわれの知を規制してきたように思われる。だから河上肇はマルクス主義への転身とともに『貧乏物語』を『資本論入門』としての『第二貧乏物語』に書き改めたのである。

3 『21世紀の資本』の〈教訓〉

二十一世紀の日本に『資本論』がわれわれの知を規制するようにしてなおあることを疑わせたのは、ピケティの『21世紀の資本』の翻訳版の刊行とともに日本の読書界に生じた反応であった。このピケティの書を『資本論』の二十一世紀版としたのは出版界のコマーシャリズムだけではない。多くのジャーナリストや専門家を交えた研究サークルは『資本論』を呼び出してこれを論評しようとした。そして『資本論』をめぐる書がにわかに出版されたりもした。恐らくこれは『資本論』の権威がなお残る日本だけの現象であるだろう。私もその風評にたじろいで『21世紀の資本』を手にすることをしばらくしなかった。しかし私は「貧困論」を始めた手前、この「二十一世紀の格差論」を読まないわけにはいかなくなった。

私はピケティの書を購入し、慢性化した腰痛に苦しみながらも一週間余りをかけてこれを通読した。読み始めて半ばを過ぎてから、これはお義理に読むものではなくなった。私はこれを完読した。それだけでも、つまり私が完読しえただけでも、この本が『資本論』とはまったく異質のものであることは明らかである。これは『資本論』ではない。これは時代と社会とその運命とを根底的に規定するような「資本主義」を語り出すものではない。

ピケティにあるのは「富の分配」の問題である。現在先進国において富はますます少数者の手に集中してしまうようであるのは、経済的に必然といってよいのかという緊迫した問いの前に彼は立っている。彼はこの問題に、十八世紀以来の富の分配と格差の構造についての収集された統計資料を分析して、将来への〈教訓〉でもある結論を導き出そうとするのである。ピケティはこの書の序言（「はじめに」）で早くもこの〈教訓〉としての結論を語ってしまっている。

本書の主要な結論とは何だろうか？　こうした新しい歴史的情報源からどんな主要結論を私は引き出しただろうか？　最初の結論は、富と所得の格差についてのあらゆる経済的決定論に対し、眉にツバをつけるべきだというものとなる。富の分配史は昔からきわめて政治的で、経済メカニズムだけに還元できるものではない。特に、一九一〇年から一九五〇年にかけてほとんどの先進国で生じた格差の低減は、何よりも戦争の結果であり、戦争のショックに対応するため政府が採用した政策の結果なのだ。同様に、一九八〇年以降の格差再興もまた、過去数十年における政治的シフトによる部分が大きい。特に課税と金融に関する部分が大きい。格差の歴史は、経済、社会、政治的なアクターたちが、何が公正で何がそうでないと判断するか、さらにそれぞれのアクターたちの相対的な力関係とそこから生じる集合的な選択によって形成される。(3)

なぜピケティはこの早すぎる結論を読者に与えようとしたのか。富の分配をめぐる多くの統計資料を使った大部な経済社会史的記述からなるこの書の読者が、いいかえればピケティとともに少数者における極端な富の集中に危惧をもつ読者が、「富と所得の格差についてのあらゆる経済的決定論に対し、眉にツバをつけるべきだという」ことを教える結論を共有することを願ってであるだろう。ピケティが読者に共有されることを願っている結論をさらに分節化していえば、「格差の歴史は、経済、社会、政治的なアクターたちが、何が公正で何がそうでないと判断するか、さらにそれぞれのアクターたちの相対的力関係とそこから生じる集合的な選択によって形成される」ということである。

ピケティがこの書の序言ですでに早く結論をいっていることに込められている願いを、日本の専門的読者である論評家たちははたして汲み取っただろうか。『資本論』を呼び出しながらなされた論評のあり方からすれば、ピケティのこの結論あるいは願いとは無縁にこの書は日本の読書界に迎えられ、論評されたといっていい。このピケティのいち早くいう結論とは無縁にこの書が読まれたということは、この書の終章で、あるいは結語で繰り返しいわれる次のような言葉の上に読後の論を展開させることを日本の論評家は決してしなかったことによっても知れるのである。

民主主義がいつの日か資本主義のコントロールを取り戻すためには、まずは民主主義と資本主義を宿す具体的な制度が何度も再発見される必要があることを認識しなくてはならない。

（最終第一六章の末尾の言葉）

資本主義のコントロールを取り戻したいのであれば、すべてを民主主義に賭けるしかない——そしてヨーロッパでは、それはヨーロッパ規模の民主主義であるべきだ。（「おわりに」）

この最後の言葉は、いまギリシアの財政的危機、ヨーロッパの統合的危機にあたって、ピケティをこの危機的状況への言論的介入に向かわせている重い動機を教えている。いまギリシアを救い、ヨーロッパを救うというならば、「ヨーロッパ規模の民主主義」に賭けるしかないのである。これは『21世紀の資本』が導いた重い〈教訓〉であり、東アジアのわれわれにとっても重い教訓であるはずである。

4 ブローデルと「資本主義」

私は十八世紀以来の「富と所得の格差」をめぐるグラフ化された豊富な統計資料をもってするピケティの長い経済社会史的記述を読んで、これはアナール派の、ことにブローデルによる〈長期持続〉的な社会的、生活的構造の歴史記述だと思った。マルクス主義的経済史に批判的なピケティの位置からすれば、その「富と所得の格差」をめぐる三〇〇年余の歴史記述、あるいは歴史物語がアナール派のそれに重なるものであることは当然だろう。ピケティ自身もまた序言で、「私がボストンで教えていたときの夢は、パリの社会科学高等研究院で教えることだった」といい、その教授陣の名前、すなわち「リュシアン・フェーヴル、フェルナン・ブローデル、クロード・レヴィストロース、ピエール・ブルデュー、フランソワーズ・エリティエ、フェリス・ゴドリエ」

の名を畏敬の念をもって挙げている。私がピケティの『21世紀の資本』の背後にアナール派の歴史記述、何よりもブローデルの『物質文明・経済・資本主義』[4]を見るのは、その参照注の有無にかかわらず、当然の推定だといえるだろう。むしろこれを背後に読むことによって、ピケティのこの書の意味は一層明らかになるのである。日本の読書界のリーダーたちがピケティのこの書を迎えるに当たってもっぱら『資本論』を引き合いに出し、ブローデルの『物質文明・経済・資本主義』を見ようともしないのは彼らの鈍感と無知とを示すものでしかない。

ブローデルは「資本家（capitaliste）」という語の意味を尋ねながら、「「金銭資産」の保持者、それが十八世紀後半に資本家という語が持った狭義の意味であり、当時その語は「公債」・動産の購入、投資にまわせる現金の所有者を指していた」[5]といっている。このブローデルが解く十八世紀後半における「資本家」の意味は、ピケティが十八世紀に遡ってする資本とその所得をめぐる統計資料やグラフの背後にいる「資本家」とはだれかを考えさせる。それだけではない。ブローデルは経済学者アリス・ハンソン・ジョーンズの最近の著述で、「一七七四年のニュージャージー州、ペンシルヴェニア州およびデラウエア州の資産、あるいは言葉をかえれば、その地における資本の蓄積をかなりの正確さで計算することに成功した。彼女の調査は、遺言書の収集と、それらが明らかにする財産の検討から始まった。ついで、遺言書のない場合の相続財産の見積もりが行われた」ことをいっている。そしてこの調査の結果はかなり興味深いものだとして、「資本財の総額（C）は、国民所得（R）の三ないし四倍である」ことを明らかにしたとブローデルはいっている。これはピケティがその著書で実現していく〈長い時間〉における「富と所得の格差」の追跡という研究視点と方法の先蹤というべきものだろう。だが私がここでブローデルに言及するのは、ピケティの問題とその追跡の先蹤がブローデルにあることをいいたいためではない。私がいいたいのは〈長い時間〉において、「資本」と「資本家」と「資本主義」という言葉の成立とともに追跡されるブローデルの「資本主義」についてである。

〈長い時間〉は〈人間の地上的生活〉に等置される。〈人間の地上的生活〉は人間の生活が負ってきた長い時間をいうとともに、人間の生活の奥深い、あるいは幾重にも層を構成していく空間をも意味している。〈長い時間〉の歴史学とは〈深い空間〉の歴史学でもある。ブローデルの著書名の「物質文明・経済・資本主義」は歴史的概念であるとともに空間的概念でもあるのだ。ブローデルはむしろこれらを空間的に説こうとしている。「すべてを単純化してもよいとすれば、この著作の第一巻のテーマである物質生活を（家にたとえて）一階とし、第二巻の本書（『交換のはたらき』）はすぐ上の階である経済生活と、さらに上の階にある資本主義活動とを探究しようとするものだと言うことができるだろう。数階建の家というこのたとえは、ことの実相を、具体的な点ではこじつけになるところはあるにせよ、比較的うまく表しているのである」とブローデルは第二巻の「まえがき」でいっている。これはたしかに単純化された空間的な譬喩である。だがこの譬喩は衝撃的である。「資本主義」とはこの建屋の最上層階をいうのである。彼はこれをあえて「上部構造」という。この最上層の「資本主義」が中層の「市場の経済」から自らを差異化させながら成立していく過程をいうブローデルの言葉を引いておこう。

> 理論的モデルと観察結果のこのつき合わせにおいて、私が始終気付いたのは、通常のそしてしばしば慣習的な（十八世紀では、自然のと呼ばれたであろう）交換経済と、より上位の、精緻をきわめた（十八世紀では、人工的なと呼ばれたであろう）経済との絶えざる対立であった。私は、この区分が明白に触知できるものであり、これらの相異なる階の間では、活動の担い手と人間・行動様式・心性が明らかに同じではないと信じている。また市場経済の諸法則は、ある水準においては古典経済学が記述するとおりの姿で現われるが、より高度の領域・計算と投機の領域においては、自由競争というその特徴的な形態が見られるのがはるかに稀であることも。影の部分、逆光の部分、秘義に通じた者の活動の領域がそこからはじまるのであり、私は、それが資本主義という語によって理解しうるものの根底にあるのだと信じている。そして資本主義とは、（交換の基礎を、たがいに求め合う需要におくのと同程度あるいはそれ以上に、力関係におく）権力の蓄積であり、避けられぬものか否かは別にして、他に多くあるのと同様な一つの社会的寄生物なのである。……すべての階層制度《ヒエラルヒー》においてと同

様に、上部の階は、それが乗る下部の階がなければ存在しえないのも事実ではあるが。最後に、交換の直下に、よりよい表現がないため私が「物質生活」と呼んだものが、旧体制《アンシャン・レジーム》の数世紀において、すべてのうちでもっとも部厚い層を成していたことを忘れないでおこう。[6]

人間生活の中層をなす「市場的交換経済」という活動世界の表層に「反‐市場」のゾーンがあり、そこを領分として「資本主義」は成立してくるとブローデルはいうのである。「(市場経済にもっぱら属する層とならんでというよりはその上に) 反‐市場のゾーンがあって、そこでは、才覚と最強者の権利が君臨していた。過去でも現在でも、産業革命の以前でも以後でも、資本主義の領分が占めるのはとくにこの場所なのである。[7]」「資本主義」という語がその成熟した様相と爆発的な力をもってその姿を現すのは二十世紀になってであるが、しかし「資本主義」という語が意味の深層においてもつ徴《しるし》はすでにその語の誕生とともに刻印されているとブローデルはいうのである。

われわれはここで「市場経済」と区別されたブローデルの「資本主義」概念をたずねるよりも、その語の誕生とともに捺された計算と巧緻と権力の徴表をもって市場経済の表層に社会的寄生物のごとく成立する「資本主義」をめぐる歴史記述に瞠目せねばならない。

人間の歴史的、社会的存在のあり方をトータルに規定していく土台(下部構造)として「資本主義」を記述していくことと、人間社会の表層に成立し、繁殖していく一種の社会的寄生物として「資本主義」を読むこととの間にはなんと大きな距たりがあることか。この大きな距たりを知ることによってはじめて、土台からその必然性をもってわれわれを規定してくるような「資本主義」から解放され、その異様な繁殖を抑制せねばならないし、抑制することのできる「資本主義」が見出されるだろう。そのときピケティが、この二十一世紀の異様な「資本主義」を制御しようとするならば、「われわれは民主主義に賭けるしかない」ということの意味と、その重大さがあらためてわれわれ自身に問われてくるだろう。

注

（1）『資本論』第一巻、鈴木鴻一郎責任編集『マルクス・エンゲルスI』世界の名著43、中央公論社。

（2）木村正身「近代主義的貧困観の成立――シーボーム・ラウントリーを中心に」『香川大学経済学部研究年報八』一九六九。

（3）トマ・ピケティ『21世紀の資本』の序言「はじめに」山形浩生・守岡桜・森本正史訳、みすず書房、二〇一四。引用文中の傍点は子安。

（4）『物質文明・経済・資本主義』はブローデル（一九〇二―一九八五）の晩年の著作（一九七九年刊）である。邦訳はI・II・III巻各二分冊、全六巻で刊行されている。『物質文明・経済・資本主義――十五―十八世紀I・日常性の構造』一、二（村上光彦訳、一九八五）、『物質文明・経済・資本主義――十五―十八世紀II・交換のはたらき』一、二（山本淳一訳、一九八六、八八）、『物質文明・経済・資本主義――十五―十八世紀III・世界時間』一、二（村上光彦訳、一九九六、九九）。

（5）ブローデル『物質文明・経済・資本主義――十五―十八世紀II・交換のはたらき』一、第三章「生産あるいは他人の領分における資本主義」。
(6) 同前、「まえがき」。
(7) 同前、第二章「市場を前にした経済」。

10

「神代史」は「作り物語」である

——津田左右吉『神代史の研究』を読む——

神代史に於いて日神の生まれない前にタカマノハラの国が現はれてゐないことはいふまでもあるまい。ホノニニギの命の天降りによつて、或はそれに伴つて、タカマノハラの神々が皆な此の国土に降りて来てしまつたことも亦た明かであらう。此の天降りの後、タカマノハラは空虚である。

津田左右吉『神代史の研究』

1 「神代史」は「作り物語」である

「神代史」とは記紀に伝えられる神の代を指している。『日本書紀』は神武以前を「神代」と区別している。『古事記』にはその区別はないが、神武以降と異なる形で「神世」を記述している。神武以前は神の代であって、人の代ではない。津田はその区別を丁寧に説明している。「神武天皇の巻以後にあつては、全体が人の代のこととなつてゐるだけに、神と人との接触交通が夢とか託宣とかいふ神秘的方法によつて行はれ、神自身が現し身を顕はすことの無いのに、神代に於いてはすべてが神の世界であるから、神が現し身のままで活動してゐるやうに説いてある。[1]」神武以後の物語もそのまま歴史的事実とは見られないが、大体人事の世界として語られている。だが神代巻はまったく人事の世界ではない。記紀の編者は「神武天皇以後と所謂神代との間に截然たる区別があるものと考へてゐた[2]」と津田はいうのである。そして津田は、この「截然たる区別」が示しているのは「神代の物語は歴史的伝説として伝はつたもので無く、作り物語であるといふこと」だというのである。

神代の物語は歴史的伝説ではない。もしそれが伝説を基にしたものであれば、「ウガヤフキアヘズ以前も神武天皇以後も同じことでなくてはならぬ。それを違つたものとしたのは、何か、そこに区別をつけなければならない理由があるからのことで、其の理由は神が実在の人物で無い如く、神代史も人間の歴史では無いといふことより外にはあるまい。」だがそうはいっても「歴史的事実の反映が含まれてゐない」というのではない。けれども「さういふ部分にしても、作者は歴史的伝説として書きとめたものでは無く、或る伝説を材料にして物語を作つたのであらう」と津田はいうのである。「神代史」とは「作り物語」であるという津田の物言いは決然たるものである。この物言いを十年後の津田は『神代史の研究』で、「神の代」とは「事実上の存在では無くして観念上の存在である」といい直している。

記紀における「神代史」が「作り物語」であるならば、われわれはこれをどう読むべきなのか。記紀の専門的な読み手であった歴史家たちは、「歴史的事実」を読み出すことに彼らの認識作業の目的なり、意味を置いていた。だが記紀の「神代史」が「作り物語」とされるとき、「神代史」を読むとはいかなる意味をもつ作業であるのか。「神代史」の読みは文学者に委ねてしまった方がよいのか。「神代史」という歴史的テキストには後世的認識作業に意味を与える〈事実《ヴァールハイト》であるもの〉はないのか。津田はこういっている。

さういふ場合には、我々は其の語るところに如何なる事実があるかと尋ねるよりは、寧ろそこに如何なる思想が現はれてゐるかを研究すべきである、といふことを注意して置くのである。かういふ性質の物語は、物語そのものこそ事実を記した歴史では無いが、それに現はれてゐる精神なり思想なりは厳然たる歴史上の事実であつて、国民の歴史に取つては重大なる意義のあるものである。(3)

記紀の「神代史」を「作り物語」だとすることは、「事実」を求める読み手の志向を挫折させるものではない。それはむしろ読み手をより高次の「事実」へと導くものなのである。

2 「神代史」研究の〈方法的前提〉

津田は記紀「神代史」を「作り物語」だとした。だが「神代史」を「作り物語」とすることは、「神代史」をいかがわしいテキストだとすることではない。むしろそれは「神代史」の読み手をより高次のテキスト理解にいたらしめる新たな読み方に導くのである。私はそのような見方、すなわち「神代史」を「作り物語」とする見方を、津田の「神代史」解読作業がもつ〈方法的前提〉として考えたい。私が〈方法的前提〉というのは、当該テキストについてある見方を前提することから、そのテキストの新しい読み方とともにテキストの新しい意味が読み出されてくるような見方をいうのである。私は津田の「神代史」研究にはこうした〈方法的前提〉があることを、一種の驚きをもって再発見した。再発見したというのは、私は『神代史の研究』を結論の章まで読み終えて、あらためて始まりの章を読み直してあの〈方法的前提〉というべき見方を発見したからである。私は『神代史の研究』の結論を感銘深く読んだ。そしてこの結論を導くような津田の読みの前提としてある立場あるいは見方を再確認しようと思ったのである。

ところでいま記紀「神代史」を「作り物語」だとする見方について考える前に、津田による記紀「神代史」の批判的解読作業が一般にはどう解説されているかを見てみたい。津田に連なる日本古代史家水野祐が津田の「神代史」研究を解説する言葉を引いてみよう。

津田左右吉博士は大正後半から昭和初年の間に、『記紀』二典の神代史や上代史について、史料批判を厳密に試みられた。その基本的立場は、『記紀』の神話・伝説が在来考えられてきたような、伝承時代以来の伝承を忠実に文字にうつしたものと考えるのではなく、『記紀』の編纂者たちによって潤色述作されたものであるとの観点にたつものであった。(4)

水野のこの解説によれば、記紀の「神代史」はその編纂者によって「潤色述作」されたものである。だから後世の読み手はその点に注意深く読むならば、何が曲げられ、何が本来かを見分けることができると水野は津田の史料批判の立場を解説していっているように思われる。だから水野は上の言葉に続けて、『記紀』の所伝の中には、古い伝承によるものもあるが、新しい時代になってから、編纂者の意図によって改変されたものが多いから、それを明確にみきわめた上で、批判的に記述内容をとりあつかわなければならないというのが、骨子となるところである」といい、そして「この津田説は正論である」と水野は結論的にいっている。

だがこの水野の解説は、津田の「神代史」批判とその方法の正しい解説であるのか。水野の解説にしたがえば、「神代史」編纂者の「潤色述作」に注意して伝承を読めば、われわれは「神代史」に本来の伝承の姿を見出すことができるといっているかのようである。もしそうだとすれば、水野の解説は津田の「神代史」批判の立場を理解した解説とはとてもいえない、むしろ誤解あるいは曲解でしかないと思われるのである。水野は要するに津田を日本古代史家である自分の側に引き寄せて理解しているのである。日本古代史家である水野は記紀「神代史」にわが民族の「伝承的事実」の形跡を認めているのである。その「伝承的事実」の正しい原形的理解がいま求められているのだというのである。「神話・伝説は民族の貴重な文化遺産であるから、われわれはそれを正しく認識することが必要である」(5)と水野はいっている。津田が水野のいう民族的要請に引き寄せられ、引きずり込まれることで、津田における「神代史」批判の本質はむしろ見失われてしまうのである。

津田が記紀「神代史」は「作り物語」であるというのは、「神代史」は編纂者の「潤色述作」

からなるテキストであるから、そこから「伝承的事実」、さらには「歴史的事実」を読み出そうとするものは念入りのテキスト批判が必要だといったことをいうものではまったくない。「神代史」が「作り物語」だということには、「神代史」における民族の「伝承的事実」の認識を介して主張される〈神代〉と〈いま〉との連続性を遮断しようとする意志の表明を見ることができる。津田の日本古代史の流れを汲むはずの水野が見ようとしなかったのは、そして私もまた最初に見ることができなかったのは、津田のこの「神代史は作り物語」であるという決然たる物言いがもつ〈いま〉との連続性を遮断しようとする彼の強固な意志であった。この連続性の遮断の思想的意味については、『神代史の研究』の結論においてもう一度触れることになるだろう。ここではこの遮断の方法論的な意味について考えたい。

私はすでに本節の初めで津田の「神代史は作り物語」であるという見方を「神代史」研究の〈方法的前提〉だといった。「これは作り物語」であるということは、ここに一つの構成された物語世界が、その世界との連続性による安易な後世的介入を排する形であるということである。だから私は「神代史は作り物語」だという津田の物言いは、「神代史」と〈いま〉との連続性を遮断しようとする意志の表明だといったのである。私がいま津田の「神代史は作り物語」だという言明をめぐってくだくだしくいっているのは、津田のあの言明に私は思想史における〈言説論的転回〉(6)と同様な方法論的立場を見ているからである。

3 「神代史」は言説上に構成される

津田が「神代史は作り物語」だというのは、「神代史」は実体としてあるのではなく、ある時代のある人びとによる言説的構成物としてあるということである。「神代史」は実体ではない、言説上にあるのだ。これは「神代史」をめぐる〈言説論的転回〉というべきとらえ方である。「神代史」あるいは「神代」という世界は、記紀に「神代」あるいは「神世」として構成されてはじめてあるのである。だから「神代史」の意味とは、記紀において「神代史」がどのように構成されているかに求められることである。「神代史」を構成する神々の意味も、それらの神々をめぐる物語構成から明らかにされなければならない。これを明らかにするのが、記紀本文の批判的研究、〈本文批評〉という方法である。この〈本文批評〉の方法について津田は『古事記及び日本書紀の新研究』の「総論」で詳細に語っている。

第一の研究、すなわち記紀の本文そのものの研究の方法は、「或る記事、或る物語につき、其の本文を分析して一々細かくそれを観察し、さうして或は其の分析した各部分を交互対照し、または他の記事と比較して、其の間に矛盾や背反が無いかを調べ、もしあるならば、それが如何にして生じたかといふことを考察し、又た文章に於いて他の書物に由来のあるものはそれを検索して、それと言ひ現はされたる事柄との関係を明かにし、或はまた記紀の全体にわたつて多くの記事、多くの物語を綜合的に観察し、それによつて、問題とせられている記事や物語の精神のあるところを達観するのであつて、種々の記事・説話の性質と意味と価値とは、これらの方法によつて知られるのである。」

この詳細をきわめた〈本文批評〉の方法は、津田によって例えばスサノヲの神の性格やその物語の意味解明に使われる方法である。われわれが津田の『神代史の研究』などを読んで辟易するのは、詳細にして長大な〈本文批評〉に付き合わせられるからである。だが読み手をうんざりさせる〈本文批評〉とは、「神代史」という言説的構成の上で、神やその事件やその物語の性質を明らかにする方法であるのだ。読み手を辟易とさせるような津田の〈本文批評〉の徹底さは、彼が言説外からの意味の読み入れを拒否することの徹底さと表裏をなすと見るべきだろう。

4 「神代史」と「物語の原形」

津田は「神代史」の物語の「原形」といういい方をしている。たとえば日神（アマテラス）の誕生をめぐって津田はこういっている。「日神が皇祖神であるとすれば、さうして月神が其のつきあひに引出された神であるとすれば、其の点では此の二神が人間らしい神であり、人間の資質を具へてゐるのであるから、イサナギ、イサナミ二神の生殖によつて生まれた子とせられてゐるのは当然であつて、物語の原形でさういふ風に構想せられてゐたことは怪しむに足らぬ。」(『神代史の研究』)津田がこのようにいう「原形」が記紀「神代史」以外のどこかにあるわけではない。「原形」とは「神代史」という一つの「作り物語」として画定された言説世界に内在する基本的構成プラン、すなわち「物語の大筋」である。

この「物語の原形」という「神代史」物語分析のための方法的概念を、津田の「神代史研究」は始めからもっていた。『神代史の新しい研究』の第一章「神代史の分解」の第二節「遊離分子の除去」でこういっている。問題は『古事記』冒頭に登場する天地最初の三神についてである。津田はイザナギ・イザナミ二神が天つ神の命を受けて国土を生産するというのは、「最初の三神を高天原にあるものとした記独特のくみたてから生じた一変形であらう」とした上で、「かういふ風に諸説の間に一致点がなく、また、その神々が神代史に於いて何のはたらきをもしてゐないのは、それが神代史の原形には存在しなかつた証拠であらう」というのである。これによれば、「原形」をいうことは「神代史」の大筋からはずれた異質な伝承・説話の排除を可能にするものにもなっていることがわかる。

「物語の原形」とは数多くの異種テキストが構成する「神代史」世界を「一つの物語世界」として解明し、その統一的「神代史」思想を読み出そうとした津田の「神代史研究」がもたざるをえなかった方法的概念であるだろう。恐らくこの概念なくして津田の「神代史研究」は思想的成果を生み出すことはなかったであろう。私は『神代史の新しい研究』(一九一三)の十年後の著作『神代史の研究』を前著の増訂版でも補訂版でもない津田神代史研究の積年の成果だと見ている。だがこの成果を可能にした「物語の原形」という概念は、すでに見たように異質な伝承・説話を排除する論理でもあった。この異質的神話テキストを代表するのは『古事記』である。「物語の原形」という概念は、『神代史』という物語世界の分解(分析的解明)を可能にするとともに、「神代史」の純化的再構成を導きかねないアンビヴァレントな概念である。それは『古事記』の神話世界を全的に包括した「神代史」という「作り物語」世界の新たな分解(分析的解明)の課題をわれわれに教えるものでもある。

5 「神代史」の三つの中心点

「神代史」は大体三つの中心点から成り立っている、と津田はいう。先ず始めにある中心点とは、(い)「イサナギ、イサナミ二神がオホヤシマと其のオホヤシマの統治者としての日神とを生まれた」ことである。そして終わりの中心点とは、(は)「日神の御子孫がタカマノハラから此の国に降られるについて、其の前に此の国土を支配してゐたオホナムチの神に迫つて国をゆづらせ、さうしてヒムカに降られた」ことである。この(い)と(は)の中間にある中心点は、(ろ)「スサノヲの命がタカマノハラであばれて放逐せられ、先づイヅモに降り、それからヨミの国にいつた」ことである(『神代史の研究』第一七章)。

津田は「神代史」の三つの中心点をこのように提示する。「神代史」の展開の筋からいえば(い)(ろ)(は)であるが、彼は(い)(は)(ろ)の順で提示している。津田は「スサノヲの命が日神の弟であるとして(い)に結びつけられ、其の子孫がオホナムチの神であるとして(は)と接合せられてゐる」と、(ろ)が中間点であることの理由をいうが、なぜそれが最後に提示される中心点であるかを説明しているわけではない。(い)でいう日神の誕生と高天原における皇祖神としての成立、そして(は)におけるオホナムチの国譲りと皇孫の国土への降臨は、「神代史」の始終をなす、まさしく「原形」を構成する物語であり、それがまず(い)(は)として提示されたのである。だが(ろ)の中心点を構成するスサノヲの命は日神の弟でありながら、「神代史」のあの「原形」的筋道の攪乱者としてある。なぜこの荒ぶる神とされるスサノヲが中間点を成す形で(い)と(は)の間に存在するのか。津田は「神代史」におけるスサノヲの命の存立に最大の関心を向けながら、なおその存在理由を解明できていないといっている。いま「神代史」におけるスサノヲの存立理由をめぐる津田の疑問点をあげておこう。

スサノヲの命が日神と同時に生まれたとせられ、而も其の間の連結が甚だ異様であるのが如何なる理由から来てゐるのか、何故にスサノヲの命がヨミの国にゆかれることになつてゐるのか、又たヨミにゆくべき運命を有つてゐながら何故にイヅモに降つたか、現し国の一部たるイヅモを本拠とし現し国たる此のアシハラノナカツ国を支配してゐたオホナムチの神が、ヨミにゆくべく定められたスサノヲの命の子になつてゐるのは何故か、そもそもイヅモとヨミとの間に特殊の関係があるやうにせられてゐるのは何のためであるか、……

これは津田の「神代史」諸本の徹底した本文批評的な読みから導かれた「神代史」におけるスサノヲの存立をめぐる疑問である。スサノヲとはすでに津田による疑問そのものが提示しているように、タカマノハラ（ヤマト）とアシハラノナカツクニ（イヅモ）との関係そのものを体現している神である。だから津田は「神代史」の三つの中心点(い)(ろ)(は)を挙げ、(ろ)を中継点としての問題だといったのである。スサノヲという神の形象の複雑異様なあり方は、タカマノハラ（ヤマト）とアシハラノナカツクニ（イヅモ）との関係がもつ複雑異様さだと見るべきだろう。津田はそのように見ている。だから津田はスサノヲをめぐって執拗をきわめるほどに疑問を重ねるのである。

津田は『神代史の研究』の結論で「神代史」を定義して、「神代史は皇室が「現人神」として我が国を統治せられることの由来を、純粋に神であつたといふ其の御祖先の御代、即ち神代の物語として説いたものである[7]」といっている。これが「神代史」の本文批評の上で「物語の原形」

とせられたのであろう。だがこの「原形」は「神代史」テキストの上にすんなりと表現されていったものではない。だから神代の伝として多くの修辞と潤色をともなって構成されたテキストに、批判的読み手ならいくらでも矛盾や混乱を見出すことはできる。しかしだれが「神代史」テキストの問題を、「原形」にまで遡る疑問として提示しただろうか。「原形」とは神代を負った皇室がこの国の統治を成立させるという物語の大筋である。津田のスサノヲ問題の提示を見れば、彼の疑いはこの「原形」にまで及ぶものであることを知るのである。国体論的制約のない近世ならともかく、近代以降において「神代史」テキストについてこうした体系的疑いを提示したのは津田が最初で、あるいは最後かもしれない。

津田はスサノヲ問題だけではないのだ、(い)の日神の誕生をめぐる問題でも津田以外のだれもすることのないような疑いを発している。彼はなぜ日神がイサナギ・イサナミの男女二神によって生まれるとされるのか、しかもなぜ日神は国土の誕生の後に誕生するのか、と問うのである。太陽神であり、同時に皇祖神である天照大神の存立、神道的伝統の中で宗教性をもっていったその存立を、自明のこととして受け入れているものからは決して生まれることのない問いである。津田は「神代史」における日神の誕生も、それが太陽神であり、皇祖神であることも分かりきったこととして見ていないのである。もし日神が太陽神であるならば、すなわち宇宙論的自然神であるならば、この神こそ初めに成立すべきなのに、なぜイザナギ・イザナミ男女二神の生殖によって誕生するのか、しかもなぜ国土の誕生後に生まれるのか、と津田は問うのである。こう問うことによって津田は何を明らかにしていくのか。

人間らしい神としての日神が宗教的崇拝の対象としての神で無いとすれば、それは如何なる神であらうか。神代史の説話の何れもが、みな皇室の御祖先として此の神を語つてゐることは、……それは即ち此の神がただ皇祖神として考へられてゐたからだ、としなくてはなるまい。……（この神が）天に上ぼせられる時には何れの本にも「タカマノハラを治らす」と書き、もしくはそれと同じ意味のことばを用ゐてあるのでも、此の神の本質の政治的君主であることが知られよう。日神が国の後に生まれられたのも此の理由から来るので、国が無くして君主のあるべき筈が無いからである。(8)

この津田の即物的文章を見よ。これは「神代史」という神話体系を脱神話化する文章である。津田の「神代史」テキストの本文批評とは「神代史」の脱神話化作業である。

6 「神代史」に民衆は無い

津田は高天原という天上の神々の世界は「日神の居所として始めて開かれ、また皇孫降臨と共に閉ぢられてしまつた」という。(9) 高天原が「神代史」の上に時間的にも限定されて成立した世界だとすれば、私がいま「高天原という天上の神々の世界」といういい方は間違いで、それは津田のいうタカマノハラでなければならない。

タカマノハラは此の国土と違つた何等の特色も無い。だからそれは此の人間世界の上に超越して存在する特殊の世界では無く、宇宙観の上から見るべきものでは無いのである。

ここには津田の「神代史」の脱神話化が集約的に語られている。タカマノハラの語りは超越的な天上世界の神や天人と地上の人との関係をめぐる神話的説話の性格をまったくもっていない。またそれは太陽と大地という宇宙観的関係性で説かれる語りでもない。タカマノハラの神々とアシハラノナカツクニの神々（人々）のあり方とはまったく同じである。違いはただタカマノハラが日神の居所であることにある。日神の居所であることによってタカマノハラは政治的関係性をもってアシハラノナカツクニとともに「神代史」に存立することになるのだと津田はいうのである。「アシハラノナカツクニとタカマノハラとは共に現し国を構成するものであり、其の間の関係は政治的のものである。」

これはもう津田の『神代史の研究』の結論といっていい。だから津田はこの「タカマノハラ」論の末尾でこういうのである。

タカマノハラに関する上記の考説は、……此の観念が太陽を皇祖神としてあるところから生じたものであつて其の外に意味が無い、といふことを述べ、我が皇室の源は斯ういふ意味のタカマノハラにあると説いてそれを全篇の中心思想としてゐる神代史の精神を明らかにしようとしたのである。

これを読んで私は津田の「神代史」の脱神話化的本文批評の凄さに戦慄を覚える。ここまでいうのか。これは津田史学が日本近代にもたらした希有の言説である。最後にこのタカマノハラをめぐって津田がもう一ついう言葉を引いて終わりにしよう。

さてタカマノハラが斯うして出来たものである以上、それは本来一般民衆の思想とは交渉の無いものであるから、神代史が統治者の地位に立つて統治者の由来を説いたものであるということも、亦た之によつてたしかめられよう。

津田はタカマノハラ観と民衆思想との間の交渉関係などはない、民衆とは無縁だというが、それは「タカマノハラ」だけにいうことではない、「神代史」そのものについていうことである。「神代史」は民衆とはまったく無縁に成立するというのである。「神代史」は民衆とは無縁だという津田の言葉は、「神代史」を「国民的物語」「民族的物語」とすることへの批判でもある。津田の「神代史」批判はわれわれに再度の論を要請している。津田の「神代史」批判の射程は二十一世紀日本における『古事記』の再神話化にまで及ぶものである。

注

(1) 津田左右吉『神代史の研究』岩波書店、一九二四。
(2) 津田『神代史の新しい研究』二松堂書店、一九一三。『津田左右吉全集』別巻第一所収、岩波書店、一九六六。
(3) 津田『古事記及び日本書紀の新研究』洛陽堂、一九一九。『津田左右吉全集』別巻第一所収。
(4) 水野祐『日本神話を見直す』学生社、一九九六。
(5) 前掲、水野『日本神話を見直す』の冒頭の章「神話教育について」から引いている。津田の「神代史」

批判についての水野の言及もこの章でなされたものである。いま水野の「神話・伝説」への視点を見るために本文中の引用を含む文章をここに引いておきたい。彼はここで歴史教育における「神話・伝説」の問題を論じているのである。「神話・伝説即史実のように判断をして、信じこませる歴史教育を復活させるのではまったくない。むしろ神話・伝説を徹底的に批判し、その中から真実として認められるものと、真実をつたえていないものとを見きわめて、その上にたつ正しい史実をひきだす方法によって帰納された神話・伝説を教育しようとするものである。……神話・伝説は民族の貴重な文化遺産であるから、われわれはそれを正しく認識することが必要である。」

（6）私は哲学における〈言語論的転回〉にならって思想史における私の方法論的立場を〈言説論的転回〉と呼んできた。これがどのような方法論的立場かは本論で津田に即していうが、この方法論的立場から成された私の最初の著作は『「事件」としての徂徠学』（青土社、一九九〇）であり、その立場からする思想史作業の集大成は『江戸思想史講義』（岩波書店、一九九八）であることをいっておきたい。

（7）津田『神代史の研究』第二二章「神代史の性質及び其の精神　上」。

（8）津田『神代史の研究』第五章「日神月神及びスサノヲの命の生産」。引用文中の傍点は子安。

（9）津田『神代史の研究』第二二章「神代史の性質及び其の精神　上」。

11

津田「神代史」研究と〈脱神話化〉の意味

——津田左右吉『神代史の研究』再読——

その大和の国家の君主の家が統一国家の首長としての皇室となられたのである。国家の統一は民族の内側に発生した事件であり、皇室は民族内部に於ける存在であるので、ここに国民と民族とが同義語として用い得られる民族国家としてのわれわれの国家の特性がある。

津田左右吉『文学に現はれたる国民思想の研究』一「序説」

1 「神代史」の〈脱神話化〉

私は津田の『神代史の研究』をその記述と方法に共感しながら読んでいったわけではない。これを課題とすることを自分で定めながら、実際に読み始めて、その読みにくさを私は周囲にこぼし続けていた。私には共感どころか、違和感の方がはるかに強かった。だが記紀神代史の本文批評の章を何とか読み終えて、「神代史の結構」（第一七章）から「神代史の性質及び其の精神」（第二二、二三章）にいたる結論の諸章を読むに及んで、私が違和感をもち続けた本文批評の作業が記紀「神代史」の徹底した〈脱神話化〉を導くものであることを知って驚いた。この驚きから、『神代史の研究』そのものを私は読み直し、とらえ直したのである。前章「「神代史」は「作り物語」である」は、私のその読み直しに基づく報告である。

ところで私が驚いた津田による「神代史」の〈脱神話化〉的解体的読みのすごさは、次の一節に集約されている。

> さて上代の思想に於いては、天皇は「現人神」または「現つ神」であらせられる。政治的君主を宗教的にいへば現実の人たる神である。神代とは、観念上、此の神性を「現人神」から

抽出して、それを思想の上で形づくられた遠い過去の皇室の御祖先に於いて具象化せしめ、其の時代を名づけたものであるが、宗教的崇拝の対象であり霊物として見られてゐた太陽を皇祖神としたことによつて、それがおのづから充実せられ、また神の代としての其の色調が鮮明になつた。或はむしろ皇祖神たる日神が此の具象化の核心となつたといふ方が適切であらう。さうして此の神代を、同じく思想の上で形づくられたヤマト奠都の前とし、それから後を人の代と定めたことは、神代といふ観念が政治的のものであり、又た皇室によつてのみ意味のあるものである証拠であるが、それは即ち又た神代史の性質が上記の如きものであることを語るものでもある。更に具体的にいふと、神代史は皇室が「現人神」として我が国を統治せられることの由来を、純粋に神であつたといふ其の御祖先の御代、即ち神代の物語として説いたものである。

（第二二章「神代史の性質及び其の精神 上」、傍点は子安）

「神代」という観念は「政治的のもの」だと津田はいう。大正十三（一九二四）年のものとしては、これは驚くべき言葉だ。彼が「政治的」というのは、たとえば「タカマノハラ」という観念が宗教的でもなく、宇宙論的でもなく、ただ「政治的」だということと同じ意味である。「（タカマノハラという観念は）太陽を皇祖神としてあるところから生じたものであつて其の外に意味が無い、といふことを述べ、我が皇室の源は斯ういふ意味のタカマノハラにあると説いてそれを全篇の中心思想としてゐる神代史の精神を明かにしようとした」のが本書『神代史の研究』だという津田の言葉が「政治的」ということの決定的意味を伝えている。では「タカマノハラ」が「政治的」であり、「皇室的」な観念であることは何を意味するのか。「それは本来一般民衆の思想とは交渉の無いものであるから、神代史が統治者の地位に立つて統治者の由来を説いたものであるといふことも、亦た之によつてたしかめられよう」と津田はいうのである。何度もいうようだが、二十世紀前期日本で記紀「神代史」の政治的（＝皇室的）な観念的構成をここまでいいきった学問的言説を私は知らない。

2　二重の〈脱神話化〉

「神代史」とは、津田がいうように「人」と「人の代」からはっきり区別された「神」と「神の代」の物語である。その意味でこれを〈神話〉だということはできるかもしれない。だがそれは〈神々の物語〉という意味においてだけである。「人間は、いつの時代どこの場所でも必ず神話を持ち、それによって世界や人間や文化の起源を説明し、神話が提供する範例に従って、社会を組織し生活することを続けてきた」と神話学者吉田敦彦は〈神話〉を定義していっている。[1] この〈神話〉の定義にしたがってわが「神代史」を見るならば、もっとも〈神話〉的とされる『古事記』を見ても、後の潤色の跡を止めた多くの切れ切れの〈神話的〉説話とその再編成からなる〈神話的〉な記述を見出すしかない。『古事記』とは、これを〈神話〉だというものによってしか、あるいはこれを〈日本神話〉だと信じるものによってしか〈神話〉ではない。神話学者たちが『古事記』を〈日本神話〉として再構成し、あるいは国家神道主義者たちはこれを〈皇室＝国家神話〉として信じ、国民にそう信じさせてきたのである。昭和の日本人はこれを〈神話〉だと信じさせられたのだ。記紀「神代史」が日本の〈神話〉になったとき、天皇はたしかに〈現人神〉になったのである。津田の『神代史の研究』が発売禁止の処分を受けるのは昭和十五（一九四〇）年である。

話が先に進みすぎたが、津田は「神代史」を〈神〉と〈神の代〉の物語という意味で〈神話〉だとしても、記紀「神代史」のどこにも口誦伝承された〈神話〉の跡を見出すことはなかった。津田が見出したのはすでに編述された文辞からなる〈神話〉的テキストだけであった。記紀「神代史」とは、すでに編述された「旧辞」という断片的〈神話〉テキストをもう一度編み直し、作り直した〈神話〉すなわち〈神の代の物語〉テキストだということである。津田はこれを「作り物語」というのである。

また神代の物語は、だれが読んでも、実際の人事で無いことがすぐにわかるやうに書かれてある。勿論、神武天皇以後の物語も、決して其のままに歴史的事実とは見られないが、大体に於いて人事らしく書かれてあるから、神代巻とは全く性質が違ふ。これは記紀の編者が神武天皇以後と所謂神代との間に截然たる区別があるものと考へてゐたからである。言を換へていふと、神代の物語は歴史的伝説として伝はつたもので無く、作り物語であるといふことを示してゐるのである。……しかし神代史は其の間にいくらか歴史的事実の反映が含まれてゐるにしても、其の全体の結構が空想から成り立つてゐるのであるから、これとは（神武以後とは）性質がちがふのである。（『神代史の新しい研究』「緒論」）

記紀「神代史」が「作り物語」であるならば、この物語の構成者の意図が問われてくる。津田はその意図を「神代史」という構成に見る「性質」「精神」、あるいは「神代史」の構成から読みうる「思想的事実」として明らかにするのである。「神代史」の「精神」とは何かとはすでに本稿の第一節に引いた津田の言葉が明らかにしている。それを繰り返して引けば、津田は自著『神代史の研究』が明らかにする「神代史の精神」についてこういっていた。「此の観念（タカマノハラという観念）が太陽を皇祖神としてあるところから生じたものであつて其の外に意味が無い、ということを述べ、我が皇室の源は斯ういふ意味のタカマノハラにあると説いてそれを全篇の中心思想としてゐる神代史の精神を明かにしようとしたのである。」「タカマノハラ」がこのように皇室にのみ意味をもつものとして構成された観念であるならば、「それは本来一般民衆の思想とは交渉の無いものであるから、神代史が統治者の地位に立つて統治者の由来を説いたものであるといふことも、亦た之によつてたしかめられよう」と津田はいうのである。

私は津田の「神代史」の批判的作業を〈脱神話化〉的作業だといった。津田の〈脱神話化〉は、まず記紀「神代史」という「神代の物語（神話）」の伝承性を否定するところにある。「神代史」を構成するのは〈伝承神話〉ではない。それは語り直され、記し直された「作り物語」としての〈神話〉である。そして「作り物語」としての「神代史」は、日神を皇祖としてもったヤマトの統治者の神的尊貴性の由来を語っていくのである。その〈神話〉は政治的であり、皇室にのみ意味をもった、民衆とは無縁の物語である。これが第二の〈脱神話化〉である。

このように記紀「神代史」は津田において二重に〈脱神話化〉される。

3　宣長と津田

私はいま津田による「神代史」の〈脱神話化〉作業の意味を考えながら、これを宣長の『古事記伝』という〈脱神話化〉作業と対比してみたいという誘惑を感じている。こんなことをいえば津田の側に立つ人も、宣長の側に立つ人も私の非常識にともに呆れるかもしれない。だが宣長と津田は〈漢《から》・シナ〉に対する〈やまと・ニホン〉という強いナショナルな意識において共通していたし、宣長の『古事記伝』は中世神道的テキストからの〈脱神話化〉的注釈作業であった。そして津田と宣長との対比が決定的な意味をもつのは、彼らの〈脱神話化〉作業が導き出した『古事記』の「精神」においてである。

宣長は津田が「神代史」として記紀を一つにして見ることに対して、『日本書紀』を斥けて『古事記』を選びとった。だが私のこのいい方は転倒している。宣長が『古事記』を選んだことに対して、津田は記紀を一つにして「神代史」を考えたというべきだろう。ともあれ宣長は『古事記』を選んだ。「彼（書紀）はもはら漢《から》に似るを旨とし、此（古事記）は漢にかかはらず、ただ古への語言《ことば》を失はぬを主とせり。」（『古事記伝』一之巻・総論）。宣長は『古事記』をわが語言《ことば》（やまとことば）を主としたテキストとして選んだのである。ここには口誦の言語こそが真言《まこと》だとする言語観がある。この言語観を津田は宣長と共有している。両者に共通するのは漢字とそれによって構成される観念的知識体系への反感である。宣長はそこから「ただ古への語言《ことば》を失はぬを主と」した『古事記』を採った。津田は記紀の「神代史」はともに漢字の導入によってはじめて成立した漢字表記テキストだと考える。漢字とその知識体系はこの記紀「神代史」を編んだ貴族知識人に浸透し、「神代史」テキストに浸透している。津田が記紀「神代史」にわが「民族」も「民衆」も見出すことはできないとするのは、この漢字言語観と深くかかわっている。

宣長は『古事記』の漢字漢文表記のテキストからわが「古えの語言」を読み出そうとした。わが古え人の言葉は真言《まこと》である。真言とは真事、すなわち事実である。宣長は『古事記』を神代から伝えられる聖なる〈事実〉の記録としたのである。ここには「神の道」などがことごとしく説かれてはいない。もしわが道があるとすれば、それは古えから伝わる〈神代の事実〉に備わる道でしかない。宣長は『古事記伝』の「序」である『直毘霊』でこういっている。

「そも此の道は、いかなる道ぞと尋ぬるに、天地のおのづからの道にもあらず、人の作れる道にもあらず。此の道はしも、可畏《かしこ》きや高御産巣日《たかみむすび》神の御霊《みたま》によりて、神祖《かむろぎ》伊邪那岐大神・伊邪那美大神の始めたまひて、天照大御神の受たまひたもちたまひ、伝へ賜ふ道なり。」そしてそれは「天皇の天ノ下しろしめす道」にほかならない。

これが宣長の〈神代からの伝承的事実〉としていう「神の道」である。宣長が『古事記』の脱神話化的注釈作業によって導くこの「神の道」を見れば、これは津田が記紀「神代史」の脱神話化的本文批評によって導く〈「神代史」の思想的事実〉とほとんど同じであることを知るのである。津田はいっていた。「神代史は皇室が「現人神」として我が国を統治せられることの由来を、純粋に神であつたといふ其の御祖先の御代、即ち神代の物語として説いたものである。」（第二二章「神代史の性質及び其の精神　上」）

『古事記』の神代の巻、あるいは記紀「神代史」が語るのは「現人神」である天皇による天下統治の道の神代からの由来だということにおいて、宣長と津田とは異なるところはない。ではどこが違うのか。天皇観、皇室観の違いだろうか。津田は『神代史の新しい研究』（大正二年刊）とほとんど同じ時期に執筆された『文学に現はれたる我が国民思想の研究　貴族文学の時代』（大正五年刊）の「序説」で皇室による民族的統一についてこういっている。

大体からいふと、一旦統一せられた後は、多くの豪族等は喜んで我が皇室に帰服してゐたので、皇室と諸氏族との間には親和な関係が成り立つやうになつた。だから皇室も威力を以て彼等を抑圧せられることが少かつたのである。やや後になつて出来たものではあるが、皇室の本源を説くために作られた神代史が、天を以て帝権の象徴とし、地を以て民衆に擬し、天子を以て高いところから民衆を見下ろすものとする支那思想とは反対に、皇室があらゆる氏族の宗家であつて、それと祖先を同じくし血統を同じくせられ、国民といふ一大家族の内部に在つて其の核心となつてゐらせられるとして、皇室の威厳を力強く示すよりは親愛の情を主として説いてあるのも、やはり斯ういふ実際の状態から生じたことである。(2)

ここに見るのは「国民といふ一大家族の内部に在つて其の核心」をなすものという近代の君主制的国民（民族）国家の皇室観であり、津田は「神代史」にその祖型的成立を見ているようである。

そのことをよりはっきりと見せるのが、本稿冒頭に引いた戦後改訂版『国民思想の研究 第一巻』の「序説」の言葉である。そこには民族内部の皇室による国家統一に民族＝国民国家の理想的成立を見る津田の見方がはっきりと示されている。津田は皇室を核とした民族＝国民国家としてのニホン以外のニホンを考えることはなかった。それでは宣長と津田が昭和日本にもった違いをどのように考えるのか。それは宣長と津田のどのような違いに由来するのか。

4 〈再神話化〉と〈脱神話化〉

宣長による「天照大御神の受たまひたもちたまひ、伝へ賜ふ道」すなわち「天皇の天ノ下しろしめす道」という「神の道」の『古事記』からの読み出しは、『日本書紀神代巻』の儒教形而上学による解釈が構成する密教的神道神話世界の脱神話化的な解体を意味した。それはたしかに十八世紀における神道の革新であった。この宣長によって革新された「神の道」を近代の神道史家は「復古神道」といい「古学神道」と名づけた。宣長の新たな「神の道」は、『古事記』における「神代」からの歴史的伝承の〈事実〉に基づく天皇主義的国家神道を近代日本に構成していくのである。宣長の『神代巻』の〈脱神話化〉としての「神の道」は、『古事記』の天皇主義的な〈再神話化〉を近代日本にもたらすのである。

では津田の記紀「神代史」の脱神話化的な理解、すなわち「神代史が統治者の地位に立つて統治者の由来を説いたものである」という大正十三（一九二四）年の「タカマノハラ」の観念をめぐる津田の理解は何を意図し、何を意味するものだろうか。それは上に見たような『古事記』の天皇主義的再神話化への批判を意図したものだろうか。だが『古事記』や「神代史」の再神話化がはっきりとなされていくのは、昭和における国家主義的ファシズムの登場とともにである。津田の記紀「神代史」批判が昭和の天皇主義的な記紀の再神話化への批判としての意味をもつとするならば、それは津田の著述が昭和に事後的にもっていった意味であって、彼の著述意図としてあったものではない。

津田の記紀「神代史」の脱神話化的批判は、近代日本の歴史学における〈神話学〉的「神代史」解釈に向けられている。津田は『神代史の新しい研究』の執筆動機についてその「序」で語っている。津田が師とする白鳥庫吉と「神代史」の解釈について語り合うと、「先生の説は根本的に僕の考とは違つてゐる点があるので、そこになると、まるで話が合はない」という。この白鳥との間にある「神代史」解釈をめぐる根本的な違和感が、津田の『新しい研究』の執筆動機をなしているというのである。白鳥も津田の『新しい研究』に寄せた「序」で、「神話の一部を構成する我等の祖先の思想としての宇宙観が、どういふものであつたか。是等の論点は、互に見る所が違つてゐて、殊に神話の全体を貫通する我が国体に関する精神の観察については、ふたりの間に大なる懸隔があつた」[3]といっている。

白鳥と津田のこれらの言葉からすると、津田の『神代史の新しい研究』は白鳥の「神代史」研究あるいは〈神話学〉的「神代史」理解に向けてなされた批判的著述だと思われてくる。少なくとも白鳥「神代史」批判を主要なモティーフとした著述であることに間違いはない。

白鳥の「神代史」の諸論考は没後『神代史の新研究』[4]にまとめらた。いまここで白鳥の「神代史」研究について詳しく論じる余裕はない。津田が「神代史」の批判的解体作業の〈核〉をなす観念とした「タカマノハラ」について、白鳥のいうところだけをここで見てみよう。

高天ヶ原は光明の神、至善の神の世界であって、凡ゆる善は此の世界から発生するものである。夜見ノ国は闇黒の神、至悪の神の住む世界であるから、凡ゆる悪は此の世界から発生するるのである。かやうにして、善悪明闇の二世界が相対して人の信念に湧出してくるのである。さうして顕国《うつしくに》はその間に位するが故に、此処では善悪生死、相交叉混合して所謂世界相を生ずるのである。是れ即ち我が神代史に高天ヶ原と夜見ノ国との間に顕国が現出してゐるものと記載せられたわけである。是の故に、此の三大国の中、天国と地国とは幽界即ち観念思想上の世界であつて、顕国は現実の世界である。

（第五篇 高天ヶ原と天孫降臨の章）

私はこれを写しながら、これは平田篤胤が『霊能真柱』でいう「三大考」的世界と同様ではないかと、広汎な文献学的知識を駆使する東洋学者白鳥の「神代史」理解に呆れかえる思いがした。私は白鳥のこの「高天ヶ原」観を知って、はじめて津田の「要するにアシハラノナカツクニとタカマノハラとは共に現し国《うつくに》を構成するものであり、其の間の関係は政治的のものである」と怒りをぶつけるようにしていう意味が分かった。津田の『神代史の研究』の結論は怒るような厳しさをもって書かれている。この津田の著述の向こう側に白鳥先生の『神代史の新研究』をなす多くの講演・講述の展開を見ることで、津田の文章の怒りもはじめて理解される。津田の「神代史」の激しい〈脱神話化〉的解読作業は、日本の近代史学による「神代史」の民族学的・民俗学的・宗教学的・神話学的な〈日本神話〉の再構成に対する批判的作業であるのだ。このことを知っていたのは白鳥だけであったのかもしれない。

津田は〈神話〉的に潤色されない君主制的民族（国民）国家ニホンの成立を願っていたのであろう。その意味で津田こそが近代日本でもっとも近代的な歴史学者であった。その津田を昭和の全体主義は法廷に引き立て、歴史家の筆を取り上げようとした。そして『古事記』を再神話化し、国家的〈神典〉にしていったのは昭和の全体主義的な学者たちであった。

注

（1）『岩波哲学思想事典』一九九八。

（2）津田左右吉『文学に現はれたる我が国民思想の研究　貴族文学の時代』、『津田左右吉全集』別巻第二（岩波書店、一九六七）所収。

（3）白鳥庫吉「序」、津田左右吉『神代史の新しい研究』『津田左右吉全集』別巻第一（岩波書店、一九六六）所収。

（4）白鳥『神代史の新研究』岩波書店、一九五四、『白鳥庫吉全集』第一巻（岩波書店、一九六九）所収。

12

和辻哲郎と『古事記』の復興

――和辻「日本古代文化」論と津田批判

飛鳥奈良時代の彫刻建築などのやうな偉大な芸術を創造した日本人は一体何者であつたかといふ疑問が、烈しく自分の心をそそり立てた。……しかし自分の疑問が津田氏の考察と丁度逆の方向に向つてゐたため、疑問はますます強められる結果となつた。さういふ刺戟のもとに自分は初めて腰を落ちつけて本居宣長の『古事記伝』を通読し、古事記の美しさに打たれると共に我国の真の学者の偉大さに目ざめたのである。

和辻哲郎『日本古代文化』序(1)

1　偶像の破壊

和辻哲郎は『日本古代文化』の大正九年初版(2)の序で、「在来の日本古代史及び古代文学の批評」は彼にとっては「偶像破壊の資料」に過ぎなかったといっている。少年時代より和辻はさまざまな理由から「日本在来のあらゆる偶像を破壊しつくして」きたという。明治二十二（一八八九）年生まれの和辻にとってその青少年期は日露戦争の戦後という時代にあたっている。日本近代史は最初の戦後をその時期に経過し、近代日本人は最初の戦後をその時期に体験するのである。日本は日露戦争とともに帝国主義的近代に入っていく。和辻ら明治後期の青年における近代意識の形成は、眼前の近代への批判意識の生起とともになされるのである。あるいはむしろ批判意識とともに近代が彼らにとってあることになる。青年和辻の最初の著書が『ニイチェ研究』であることとは象徴的である。彼らは近代にそれが作る偶像の破壊を通して向き合うのである。

和辻にとって「偶像破壊の資料」に過ぎなかったという「日本古代史及び古代文学の批評」とは何を指しているのか。『日本古代文化』の刊行時、この言及だけでこれが何を指しているのか一目瞭然であったのであろう。津田の記紀批判の最初の著作『神代史の新しい研究』が公刊されたのは大正二（一九一三）年である。『古事記及び日本書紀の新研究』の刊行は大正八（一九一九）

年である。その間に津田は『文学に現はれたる我が国民思想の研究』の「貴族文学の時代」「武士文学の時代」「平民文学の時代 上」を刊行している。津田のこれらの書が和辻にとって重要な意味をもってくるのは、むしろ和辻の「偶像の再興」期における和辻の批判的文脈においてである。和辻の「偶像破壊の資料」というのは、津田のこれらの書に具現化されていった当時の史学的・文学的「批評」作業をいうのだろう。和辻がいう「批評」とは古典的文献に対する「高等批評」の謂いであり、文献学的なテキスト批判、史料批判を意味している。明治末年から大正にかけての時期、古典的文献・古代史料のテキスト批判的な吟味が古代史・古代文学研究の基本作業として重視されていった。津田の『神代史の新しい研究』の刊行に先立つ時期に白鳥庫吉が『尚書』の高等批評(3)という論文を発表している。白鳥は津田を先導する文献批判的方法意識をもった最初の東洋史学者である。同じく文献批判的方法意識をもった内藤湖南が東洋史講座開設のために京都大学に赴任するのが明治四十(一九〇七)年である。彼らによって新たな東洋学《オリエンタリスティック》あるいは支那学《シノロギー》が成立するのである。この支那学の成立とともに四書五経といわれる儒教経書の原典性そのものが批判的に吟味されるようになる。聖なる成立時に鎮まっていた『論語』の原典性も容赦ない文献批判によって、後世的な長い編纂過程からなる人為的なテキストへと変容・解体されていくのである。(4) それはまさしく偶像の破壊である。この偶像破壊的な文献批判が白鳥を介した津田によって『古事記』『日本書紀』という日本の国家的原典に向けてなされていくことになる。

『記紀』とは明治日本において国家の原初的な成立を証す根元的史料であった。『記紀』をこの意味での根元的史料としたのは明治国家である。明治における近代国家としての日本の成立が『記紀』をこの根元的史料として要請したのである。そこから神話における「神武創成」が日本国家の歴史的紀元とされることになる。『記紀』とは日本近代が「日本国家」とともに作り出した偶像である。この偶像に向けていま文献批判という偶像破壊的方法が用いられようとする。これは近代国家日本が直面する逆説的な事態である。あるいは王政復古的な日本近代がもった逆説であるかもしれない。文献批判・史料批判を前提にした近代的な歴史研究・古代研究の成立が、近代が「国家」とともに作り出した「国家的原典」という偶像を破壊しようとするのである。それは明治末年から大正にかけての時期である。二十四歳で『ニイチェ研究』を処女出版した青年和辻も、この偶像破壊的な時代的エートスの中にいたのである。

2　偶像の再興

「日本文化、特に日本古代文化は、四年以前の自分にとっては、殆ど「無」であった」と前に引いた『日本古代文化』の「初版序」で和辻はいっている。「四年以前」とは和辻が『ニイチェ研究』を出した時期、明治末年から大正の初年にかけての時期である。その時期、『記紀』の日本古代文化は彼にとってほとんど無かったのである。顧みるべき何物でもなかったのである。それは『日本古代文化』が出る大正九（一九二〇）年に先立つ僅か四年以前の時期であった。津田による『記紀』の文献批判的な偶像の解体が始められていったのもその時期である。だから和辻は「日本古代文化」の価値を再発見しようとするこの書で、「記紀の上代史が神代史と共に後世の創作であるといふことは、もう疑の余地がないと思ふ」と書いているのである。明らかに和辻は津田の「神代史」を「作り物語」とする見方を認めているのである。だがそのことを告げる和辻の言葉は、「もう疑の余地がないと思ふが」と反転し、「たとへ一つの構想によってまとめられた物語であっても、その材料の悉くをまで空想の所産と見ることは出来ぬ」（「上代史概観」五）というのである。これは『記紀』の再発見的読みの可能性をいう言葉である。和辻の『日本古代文化』は、一度破壊された『記紀』という偶像の再興を図ろうとする書である。だからかつて偶像破壊者であった自分はいまここでは「すべてが破壊しつくされた跡に一つの新しい殿堂を建築すべく、全然新しい道を取らなくてはならなかった」（初版序）と書くのである。和辻はいまや偶像の再興者になった。

若き日に偶像破壊者であった和辻は転向した。大正七（一九一八）年に刊行した評論集『偶像再興』（岩波書店）の冒頭の「序言」でいっている。「予は当時を追想して烈しい羞恥を覚える。しかし必ずしも悔いはしない。浅薄ではあっても、とにかく予としては必然の道であった。さうしてこの歯の浮くやうな偶像破壊が、結局、その誤謬をもつて予を導いたのであつた[5]」と。羞恥とともに回想される偶像破壊とは、自己の未成熟からくる模倣的な破壊衝動であったのか。ともあれ彼は転向する。そして偶像は再興さるべき権利をもっていると書くのである。「破壊せらるべき偶像がまた再興せらるべき権利を持つといふ事実は、偶像破壊の瞬間に於てはほとんど顧みられない。破壊者はただ対象の堅い殻にのみ目をつけて、その殻に包まれた漿液のうまさを忘れてゐる。」

少年和辻をかつて偶像破壊へと向かわせた理由について、「数知れぬさまざまな理由」と『日本古代文化』の「初版序」に和辻は書いている。ではその彼を偶像の再興者へと転向させた理由は何か。「一人の人間の死が偶然に自分の心に呼び起した仏教への驚異、及び続いて起つた飛鳥奈良朝仏教美術への驚嘆が、はからずも自分を日本の過去へ連れて行つた」と和辻は同じく「初版序」に書いている。かつての彼にとって無きに等しかった「日本古代文化」の再発見に彼を導いたのは「一人の人間の死」であったといっているのである。和辻の精神の転換を導くほどの重い意味をもった「一人の人間の死」とは何であったかを探る手段を私はもっていない。和辻の「年譜」にはそれを窺わせる記事はない。「ある子供の死（なき坂秀夫の霊に手向く）[6]」という『思想』（大正十年十一月）に載った文章があるが、その「子供の死」が上の「一人の人間の死」であるかどうかは分からない。ともあれ「一人の人間の死」が和辻における精神的な転換を導いたのである。『偶像再興』に「転向」を記したその翌大正八年に和辻は『古寺巡礼』を出版する。和辻の名を今に留める名著である。『日本古代文化』が刊行されるのはその翌大正九年である。

和辻の人生において重い意味をもった「一人の人間の死」が彼の精神の転換を導いた。偶像の破壊者であった和辻は、再興さるべき権利をもったものとして偶像を再び見出すのである。日本の古代とその文化は、いま再発見者和辻をもつことになるのだ。「一人の人間の死」は和辻の個人史をこえた重い意味を日本文化史あるいは日本近代史の上にもつことになった。

3　津田の記紀批判

「記紀の上代史が神代史と共に後世の創作であるといふことは、もう疑の余地がないと思ふ」と和辻が『日本古代文化』に書いたのは大正九年である。すでに津田の『神代史の新しい研究』（大正二年）も、その続編である『古事記及び日本書紀の新研究』（大正八年）も刊行されている。『記紀』によってわれわれは皇室と国家とそして民族の歴史的な起源なり成立をいうことができるのかという問いを、津田ははじめて近代日本に真っ正面から突きつけたのである。これは日本近代史において学問的・思想的言説がもたらした最大の事件であったといっていい。津田は「記紀の仲哀天皇（及び神功皇后）以前の部分に含まれてゐる種々の説話を歴史的事実の記録として認めることが今日の我々の知識と背反してゐるのは明かであらう」といい、また「国家の成立に関する、或は政治上の重大事件としての、記紀の物語が一として古くからのいひ伝へによつたものらしくないとすれば、それが幾らか原形とは変つてゐようとも、根本が後人の述作たることに疑は無からう(7)」ともいい切るのである。この津田による記紀批判の「結論」はさらに重大な言葉をもたらしている。

要するに、記紀を其の語るがままに解釈する以上、民族の起源とか由来とかいふやうなことに関する思想を、そこに発見することは出来ないのであるが、それは即ち、記紀の説き示さうとする我が皇室及び国家の起源が、我々の民族の由来とは全く別のこととして、考へられてゐたことを示すものである。記紀の上代の部分の根拠となつてゐる最初の帝紀旧辞は、六世紀の中ごろの我が国の政治組織と社会状態とに基づき、当時の官府者の思想を以て皇室の由来を説き、また四世紀の終ごろからそろそろ世に遺しはじめられた僅少の記録やいくらかの伝説やを材料として、皇室の御系譜や御事蹟としての物語を編述したものであつて、民族の歴史といふやうなものでは無い。

記紀は皇室とそれを中心とした国家の起源を、しかも「後人の述作」によって語り出すものであって、決して民族の由来を語るものではないと津田はいう。「記紀の説き示さうとする我が皇室及び国家の起源が、我々の民族の由来とは全く別のこととして、考へられてゐた」という津田の言葉は、記紀の神代史および上代史に天皇命《すめらみこと》とともにわが民族の生成する物語を読み取ろうとする民族主義的ロマンチシズムに冷水を浴びせるものであった。ここには皇室の起源と民族あるいは国民の起源とを一体視しない、きわめて健全で、考えてみれば当然の視点がある。そもそも明治の天皇制国家の創設ということが天皇と民族・国民との起源を一体視させるのであって、明治以前にそのような見方があったわけではない。天皇と民族との一体化を考えたのは『古事記』再発見者である宣長ぐらいだろう。津田には明治が作り出す天皇制国家神話に簡単には与しない何かがあるようである。その何かとは、明治初期の青年たちの内に流れていった平民-国民主義的血潮だとここではいっておこう。彼に『文学に現はれたる我が国民思想の研究』を書かせるのはこの平民-国民主義である。

こんな風であるから民間に叙事詩は発達しないで、其の代り官府で神代史が作られたのである。神代史は官府もしくは宮廷の製作物であつて国民の物語では無く、初から文字に書かれたものであつて伝誦したものでは無い。従つて又た知識の産物であつて詩として生まれたものでは無く、特殊の目的を有つて作られたものであつて、自然に成り立つた国民生活の表象、

国民精神の結晶ではない。(8)

これは津田の神代史の諸研究とほとんど同じ時期に刊行された『文学に現はれたる我が国民思想の研究　貴族文学の時代』の第二章「文学の萌芽」における文章である。『記紀』の神代史とは、「国民生活の表象、国民精神の結晶ではない」と決然という津田の口調に注目すべきであろう。これは津田においてのみ聞きうるような、日本近代史における一回的な言葉だと私は見ている。二十一世紀日本においてなお国民文学的古典としてもてはやされる『古事記』の繁栄を見よ。かつて日本の公権力が抑え込んだあの津田の記紀批判の言葉を、現代の日本人は忘却の押入れに深くしまい込んだままにしているのである。

4　偶像の再構築

和辻の『日本古代文化』とは、津田の記紀批判という偶像破壊を受けてなされた偶像再興の作業である。『記紀』における神代史・上代史の記述が後人の創作になるものであることは、「もう疑の余地がないと思ふが」と津田の記紀批判を受け入れるかのようにいいながら和辻は反転する。「たとへ一つの構想によつてまとめられた物語であつても、その材料の悉くをまで空想の所産と見ることは出来ぬ」と和辻はいうのである。もちろんそうだ。津田が『記紀』の神代史を後人の編述になる「作り物語」というとき、そこに編み込まれた説話・民話の類いがすべて後人によって創作されたなどといっているのではない。一定の意志をもった後人の編述を創作といっているのである。その創作的意志の遂行の過程で説話の原形もまた変容されるのである。説話は作為をもって神代史に編み込まれるのである。それを明らかにするのが津田の詳細な本文批評をもってした記紀批判である。津田がいう神代史の編述を貫く後人の創作意志とは、皇室の創成を神話的起源に由来する創成史として、高天原の主宰神である日神を皇祖神とした皇室の創成史として、すなわち「神代史」として語り出そうとする創作意志である。

だから津田の記紀批判は、皇祖神を中心とした皇室の思想を神代史の骨子として明らかにするのである。皇室の存在は津田の記紀批判によって『記紀』の創作意志との相関のうちに置かれることになるのである。それは津田自身の皇室観とかかわることではない。それは「神代史」を「作り物語」とする津田の文献批判の論理、私が〈脱神話化〉という記紀批判の論理に由来することである。津田の記紀批判は、たしかに神話的起源をいう天皇制国家権力にとって禁止されねばならない学術的言説であった。そして和辻にとっても津田の記紀批判は、いま始まる再興の作業が過去に葬るべき偶像破壊を意味したのである。

偶像破壊とは人びとの奉じる神を殺すことである。偶像の再興とはその神を再び祭壇上に奉じることである。津田の記紀批判は神を殺したわけではない。神を裸にしてしまったのである。日本の神がまとっていた民族的、共同体的な〈神話〉的装いを彼ははぎ取ってしまったのである。それが『記紀』の脱神話化である。『記紀』は皇室の成立を語っても、民族の成立を語るものではないと津田はいった。『記紀』の「神代史」とは、国民精神の結晶というべきものではないともいった。それを奉じる人びと（民族・国民）から切り離された〈神〉とは、殺されたにも等しいというべきだろう。

和辻は津田の記紀批判を偶像破壊だとした。彼は破壊された偶像を再興しようとする。ではどのように再興するのか。はぎとられた民族的、共同体的装いをもう一度日本の神々に着せることによってである。神代史に編み込まれた説話や民話からもう一度、それらを語り伝えた人びとの息づかいを聞き出すことによってである。神が再び共同体の神として、神と民族とが一つのものとして神代の物語から読み出されたとき、偶像は再興されたといえるだろう。『古事記』がもう一度発見されなければならないのである。

5　『古事記』の復興

和辻は『日本古代文化』における『古事記』再評価の章の冒頭でこういっている。「古事記を史料として取扱ふためには厳密な本文批評を先立てねばならぬ。しかしこれを想像力の産物として鑑賞するつもりならば、語句の解釈の他に何の準備も要らない。しかも古事記がその本来の意義を発揮するのは、後者の場合に於てではないだらうか。」この文章が津田による記紀の解体的批判後のものであることは明かである。だがここでは津田の記紀批判は和辻なりに理解されている。和辻は津田の記紀批判における厳密詳細な本文批評を『記紀』の史料性の吟味にかかわる作業としている。これは『記紀』の「神代史」を後人の創作とした津田の見方を、恐らく意図的に欠落させている。和辻は津田の解体的批判は『記紀』を歴史的史料としてみなすことの上になされたものであったと解している。歴史的史料とみなすかぎり、「帝紀」に対して「旧辞」的な説話的部分を多くもつ『古事記』の史料的な意味はほとんど津田によって否定されると和辻は解するのである。こう解することから津田批判としての和辻の『古事記』復活の論理が展開されることになる。

『古事記』が歴史的史料としてではなく、文化的あるいは文学的資料としてみなされるならば、その意義は別個に、積極的に見出されるはずだと和辻はいうのである。和辻はここで「想像力の産物」としてみなすならばという。和辻のいう想像力とは恣意的な空想をいうのではない。民族の国家的な統一を作り出す政治的制作力と同等であるような、民族の文化的な統一を作り出す文学的創作力をいうのである。『古事記』をこの意味での「想像力の産物」とするならば、その意義を解するには文学的解釈力だけがあればいいと和辻はいう。『古事記』の復興は文学的解釈力を自負する和辻によって担われるのである。

『古事記』とは日本の古代史のどこにもそれを歴史上に繋ぎ留める釘をもっていない、いわば歴史的には浮游するテキストである。その成立は太安万侶の「序」という自己証明しかもっていない。その「序」には撰録が成って安万侶が『古事記』を元明天皇に献上したのは「和銅五年正月二十八日」だと記されている。和銅五年とは七一二年である。だがこの年における『古事記』の成立を傍証するものは何もない。ちなみに『日本書紀』は養老四（七二〇）年に成ったことが『続日本紀』に記されている。『古事記』が日本の最古の古書として見出され、その意義が評価されるに至ったのは本居宣長によってである。宣長は太安万侶の「序」を真実のものと信じた。「序は安万侶の作《かけ》るにあらず、後の人のしわざなりといふ人もあれど、其は中々にくはしからぬひがこころえなり。すべてのさまをよく考るに、後に他人《あだしびと》の偽り書る物にはあらず、決《うつな》く安万侶朝臣の作るなり。」（『古事記伝』二之巻）と宣長はいう。

「序は恐らくは奈良朝の人の追て書し物かとおぼゆ」と宣長に告げたのは師である賀茂真淵であった。(9) 宣長は師に逆らう形で安万侶の序を真としたのである。これを真とすることは何を意味するのか。そのことはまず和銅五（七一二）年の『古事記』の成立を真とすることを意味する。さらに重要なことは、『古事記』成立の背後に天武天皇（命令者あるいは原形的古記録の選定者）と稗田阿礼（誦習者）とそして太安万侶（最終の撰録者）という統一的な意志をもった作者たちが存在することを序によって認めることである。古の事を古の言にしたがって正しく後に伝えようとする意志が『古事記』成立の背後に読み取られることになるのである。『古事記』テキストの成立過程に天武天皇の命にしたがってなされた稗田阿礼による誦習の過程を認めることは、このテキストがもつ古代性をいっそう確実にするのである。師に逆らってこの安万侶の「序」を真とすることによって、宣長の大著『古事記伝』ははじめて成るともいえるのである。

だが『古事記』とは危うい書である。虚心にこの安万侶の「序」を読むならば、これが何かを隠すがごとく装われた文章であることを直ちに認めるはずである。装飾的漢文の作為をにくむ宣長がそれに気づかなかったはずはない。しかし宣長はなおかつこれを真としたのである。宣長にこれを真とさせたのは、『古事記』の「旧辞」的世界がもつ古代性への信であったのかもしれない。『古事記』の「旧辞」的世界がもつ古代性への宣長の信が、安万侶の「序」をも真実とさせたのだろう。私がいいたいことはこうだ。『古事記』の古典性とは、後世における再評価的な発見者なり解釈者の存在と相関的だということである。『源氏物語』は宣長をまたずともわれわれにとっての古典でありえている。だが『古事記』は宣長なしにはわれわれにとっての古典ではない。『古事記』に対する宣長のこの位置を近代で継承し、再現するのが和辻だと私には思われるのである。

天武天皇は「帝紀を撰録し、旧辞を討覈《たうかく》して、偽りを削り実を定めて、後葉《のちのよ》に流《つた》」えることを欲せられ、稗田阿礼に「勅語して帝皇の日継及び先代の旧辞を誦み習」わしめたと太安万侶の「序」はいっている。後に安万侶はこれによって『古事記』を撰録し、元明天皇に献上したというのである。和辻はこの安万侶の編集作業をこう考える。「もし安万侶が何らか手を加へたとすれば、それは従来離れてゐた帝皇日継と先代旧辞とを混合したことに過ぎないであらう。……古事記を芸術品として見るときには、右の混合は全体の統一に対する最も不幸な障害である。然らば安万侶は旧辞の芸術的価値を減殺する以上に内容的には何事をもしなかつたわけになる」と和辻はいうのである。安万侶の編成作業とは『古事記』がもつ「芸術的形式を破壊したに過ぎ」ないのである。では『古事記』をもう一度高い芸術性において輝かすためにはどうするか。

でもし我々が現在の古事記から帝皇日継と先代旧辞とを分離するならば、(即ち誤つて混合せられた系譜と物語とを、――散文的な現実の記録と想像から出た詩的叙述とを、――自然主義的記述と理想主義的記述とを、分離するならば、)そこに現はれた先代旧辞こそは、継体欽明朝に製作せられた一つの芸術的紀念碑なのである。

『古事記』という一つのテキストから旧辞的部分だけを分離するというのはまったくの恣意である。だがこの恣意的操作によってはじめて『古事記』は現代に芸術的価値をもって甦るものである。

あることを和辻のこの言葉は教えている。『古事記』とはたしかに危うい書なのだ。だが私が和辻による『古事記』再評価をめぐってのべてきたのは、『古事記』のこの危うさをいうためではない。和辻の『古事記』再評価によって、何が、いかにして甦るかである。何が、いかにして再興されるかである。

6 日本民族の読み出し

和辻は『古事記』の混合テキストから帝皇日継を洗い去ったところに「先代旧辞」という「一つの芸術的作品」を認めるのである。『古事記』の旧辞とされる神話・民話はただ寄せ集められた多数としてあるのではない、和辻はそれらを一つの芸術的な作品として見るのである。これを一つの作品とすれば、そこに作者が存在することになるだろう。「その作者が（単数であると複数であるとを問はず）上代のすぐれた芸術家であつたことを認める」と和辻はいうのである。その芸術的な価値においては『日本書紀』は『古事記』にはるかに及ばないと和辻はいう。その『日本書紀』について和辻は作者をいったりはしない。では『古事記』の「先代旧辞」の作者とはだれか。宣長はすでに和辻がいう「先代旧辞」の作者を天武天皇と稗田阿礼の二人に見ていたように思われる。和辻もまたこの二人を作者としていたのかもしれない。だがこの二人に見る作者とは、多くの異本群からこの「先代旧辞」を最良のものとした選定者であり、その旧辞の言語を誦習し、記憶にとどめた宮廷の語り部ではないのか。本当の作者とはその旧辞の中にこそいるのではないか。神話・民話として語り伝えられたこの「先代旧辞」をもしすぐれた一つの作品というならば、その本当の作者とは一つの言語（日本語）をもった神話・民話の想像力豊かな語りの匿名的多数の主体であるだろう。日本語をもった文化の共同的主体とは日本民族にほかならない。『古事記』の「先代旧辞」を和辻が一つの芸術的作品と認めたとき、彼は作者としての日本民族をその作品の背後に見出していたのである。

『日本古代文化』の冒頭の章「上代史概観」で和辻は、「我々の上代文化観察はかくの如き「出来上つた日本民族」を出発点としなければならぬ」といっている。彼は考古学的遺物をはじめ歌謡、神話、信仰、音楽、造形美術などによって上代文化を考察するが、その文化の共同的形成主体である日本民族がすでに出来上がっていることを前提にするというのである。混成せられた民族がすでに「一つの日本語」を話すところの「日本人」として現れてきていることを前提にするというのである。『古寺巡礼』の作者和辻にしてはじめてなしうるような日本上代文化の考察とは、芸術性豊かな日本民族を文化的遺物によって読み出すことでもあるのだ。『古事記』とはこの日本民族の最初にして最古の芸術的作品である。昭和の偶像はこのようにして再興された。

注

（1）和辻哲郎『日本古代文化』新版序（岩波書店、一九三九年新版）。
（2）和辻『日本古代文化』初版序（岩波書店、一九二〇年初版）。
（3）白鳥庫吉「『尚書』の高等批評」『東亜研究』一九一二。
（4）東洋学・支那学の成立については、「近代知と中国認識――「支那学」の成立をめぐって」『日本近代思想批判――一国知の成立』（岩波現代文庫、二〇〇三）を参照されたい。
（5）和辻『偶像再興』岩波書店、一九一八。
（6）「ある子供の死（なき坂秀夫の霊に手向く）」『和辻全集』第二〇巻（岩波書店、一九六三）所収。この文章は、『思想』大正十年十一月号に掲載された。全集最終巻（第二〇巻）の「小説・戯曲」と分類された篇中に収められている。それからするとこの文章は小説の形を取った亡き子への追悼文であるのかもしれない。なお『日本古代文化』は「亡き児の霊前に捧ぐ」の献辞をもっている。
（7）ここに引くのは『古事記及び日本書紀の新研究』（大正八）を改訂した『古事記及日本書紀の研究』（大正十三）の「結論」の章からである。
（8）『文学に現はれたる我が国民思想の研究　貴族文学の時代』（岩波書店、大正五）は戦後改訂され、『文学に現はれたる国民思想の研究　第一巻』として昭和二十六年に岩波書店から刊行された。ここの引用は『津田左右吉全集』別巻第二所収の大正五年初版本によっている。なおこの引用冒頭の「こんな風であるから」とは、漢文の知識も漢字利用も少数の貴族のものであって、国民の多数のものではなかった上代日本の風をいっている。
（9）真淵が宣長宛書簡（明和五年三月十三日）でいっている（『校本賀茂真淵全集』思想篇下、弘文堂書房、一九四二。

13

大川周明と「日本精神」の呼び出し

――大川周明『日本文明史』を読む――

日本は断乎として落日の欧羅巴に対する従来の過当なる崇拝、畏怖を止め、深く日本精神に沈潜し、無限の努力によって一切の至貴至高なるものを日本の魂其ものの衷より汲取り、一貫徹底これを内外に実現せねばならぬ。

大川周明『日本文明史』

1　「日本精神」という語

「精神多年の遍歴の後、予は再び吾が魂の故郷に復り、日本精神其者のうちに、初めて予の求めて長く得ざりし荘厳なるものあるを見た。」これは大川周明が『日本精神研究』[1]の「はしがき」の冒頭でいう言葉である。大川の多年の精神的遍歴の後に「日本精神」は再発見されるのである。やがて十年後の昭和の人びとの耳に猖獗をきわめるほどにこの言葉は注ぎ込まれることになるが、大正末年のこの時には「日本精神」は大川に再発見される言葉であった。「はしがき」の終わりに大川はいっている。「精神復興は、震災このかた随処に唱えらるる題目である。而も予の見る処を以てすれば、其の提唱せらるる復興策は、多く第二義に堕して究極の一事に触れない。……予は予の自証する処によって信ずる、精神復興とは、日本精神の復興であり、而して日本精神の復興の為には、先ず日本精神の本質を、堅確に把持せねばならぬと。」「日本精神」が再発見されるのは、関東大震災後の「精神復興」が叫ばれる日本の社会的危機の時代においてである。

ところで「日本精神」という語を題目上に記した刊行物は、大正十三（一九二四）年に大川が刊行したものが最初であったようである。文部省思想局によって編集印刷された思想調査資料『日本精神論の調査』[2]という冊子がある。表紙に□内に秘の字が印刷されている。「本調査は日本精神の至醇なる発揚に資せんがために、主として昭和の初より今日に至るまでの間に顕れた日本精神論の内容を調査することを目的としたものである」とその「凡例」でいっている。「日本精神」という語が標語として国民の間に急速に伝播するようになったのは、大体昭和六(一九三一)年秋の満州事変以後のことだと、その「序」はいっている。では「日本精神」という語そのものは、いつだれによっていい始められたのか、それを知ることは不可能であるが、しかし多少なりとも社会的影響力をもちうる刊行物の名としてその語が用いられるにいたったのは大正十二、三年以前ではないと「序」の筆者はいい、刊行物の題名上に「日本精神」の語をもったものは、大川の社会教育研究所における講義録『日本精神研究第一 横井小楠の思想及信仰』(社会教育研究所、大正十三年一月)が最初であろうといっている。この講義録『日本精神研究』は第九巻まで順次刊行され、後に一冊にまとめられ『日本精神研究』として文録社から昭和二年五月に刊行された。[3]

これは「日本精神」という語の成立をめぐる十分な書誌学的研究といえるものではないが、文部省の思想統制的眼差しは「日本精神」という語の刊行物上の登場時期を大正十二、三年以後としているのである。この指摘は重要である。「日本精神」という語はその登場の〈時〉をもっているのである。冒頭に引いた「はしがき」で大川は関東大震災(一九二三年九月)後の「精神復興」が叫ばれる時をいっていた。だがこれは大川における「日本精神」の呼び出しをあえて震災後の「精神復興」の気運に結びつけた物言いである。大川における「日本精神」の呼び出しは、第一次世界大戦後すなわち一九一七―二〇年の大川における「世界史」的危機認識の深化と〈時〉を同じくしている。「日本精神」は猶存社[4]時代の大川によってすでに呼び出されているのである。

2 「世界史」と「日本精神」

大川の猶存社時代の著作に『日本文明史』がある。これは大正十（一九二一）年に大鐙閣から刊行された。「総じて之を言えば、亜細亜一切の理想が、如何に日本に於て摂取せられ、日本の国民精神が、大陸の影響を蒙りつつ、如何に自己を実現して来たかを知らねばならぬ。かくて日本精神の本領を把握し、其の種々相を綜合統一して、一貫不断の発展を、組織的に叙述するもの、即是れ日本文明史である」（傍点は子安）とその「序」にいうように、『日本文明史』とはすでに「日本精神」の実現の種々相を日本文明の発展史として叙述したものである。とすれば大川における「日本精神」の呼び出しをめぐる私のこの論は『日本文明史』から始めねばならないはずである。だが大川が『日本二千六百年史』（第一書房、一九三九）を『日本文明史』の改訂版として出版したことから、前者の影に隠れてしまって後者は容易に見ることさえできなくなってしまった。『大川周明全集』[5]（第一巻）でさえ『日本二千六百年史』を載せて、『日本文明史』を割愛してしまっている。

私は国会図書館のデジタル・ライブラリーで『日本文明史』を見ることができることを知った。目次を対比しながら『日本文明史』が『日本二千六百年史』と異なる箇所を探していった。決定的に違うのは「序」以外に結論の諸章である。『日本文明史』は「第二維新に面せる日本」(第二六章)、「世界戦と日本」(第二七章)、「世界史を経緯しつつある二問題」(第二八章)の三章を終章としてもっている。(6) この三章は全部で約四〇頁にも及ぶ長い論説からなるものである。だが『日本二千六百年史』の終わりには「世界維新に直面する日本」(第三〇章)というわずか九頁ほどの一章があるだけである。両者におけるこの違いは何を意味するのだろうか。恐らくそれは「日本精神」をいま呼び出そうとする大川における「世界史」的認識がもつ精神的緊迫度の違いである。

一九二一年の大川に『日本文明史』を書かしめ、「日本精神」を呼び出さしめているのは、「世界史」だといっていい。大川において「日本精神」が呼び出される〈時〉とは、「世界史」が彼に強い緊迫度をもって認識される〈時〉であるのだ。その〈時〉とは世界戦争(第一次世界大戦)がロシア革命とともに終わり、ヨーロッパ中心の世界秩序に激動が生じた〈時〉である。この〈時〉、「世界史」が日本知識人の歴史意識に〈世界史的な自己認識〉の要請とともにはじめて登場したのである。

「世界史的立場と日本」という〈悪名高い〉という修飾語が必ず付される座談会が高坂正顕・西谷啓治らによって開かれたのは昭和十六(一九四一)年十一月二十六日である。それは「大東亜戦争の大詔渙発に先んずる十三日」であった。「我々はもとより情勢のそれほどまでに緊迫せるを知る由もない。しかし世界の日増しに感ぜられる実にただならぬ気配は、自ら我々をして世界史とそこに於ける日本の主体的位置の問題に論議を集中せしめた。かくてその夜の座談会の記録は、後に「世界史的立場と日本」と題せられた」とその記録『世界史的立場と日本』[7]の「序」に記されている。私がここで大東亜戦争を哲学的に意義づける座談会「世界史的立場と日本」をもち出すのは、大川によってはじめて現代日本の歴史的自覚として喚起された「世界史」概念の二十年後の行き着く先を見るためだけではない。「東亜」が、そして「日本」が呼び出される〈時〉とは、「世界史」が日本知識人に呼び出される〈時〉でもあることを確認したいがためである。

　大川は『日本文明史』の最終章で「世界史を経緯しつつある二問題」(第二八章)を提示する前に「世界戦」(第二七章「世界戦と日本」)について語っている。「世界戦」とは第一次世界大戦である。それがはじめての、日本も参戦した「世界戦」であった。この「世界戦」はヨーロッパに未曾有の物的、人的な被害と損失とを与え、ヨーロッパの世界史的な没落を決定づけるものとなったと大川はいう。「世界戦は、其の胎内に社会革命を孕み、露独の社会主義国家を生んだ点に於て、重大なる意義を有するのみならず、侵略劫奪の欧羅巴没落を暗示する新ペロポネソス戦争として、特殊の重大なる一面を有する」と大川はいっている。世界戦によるヨーロッパの世界史的な没落が、ヨーロッパ中心的な世界史に代わる真の「世界史」の立場を日本知識人に自覚させるのである。大川の『日本文明史』はこの「世界史」の最初の成立を記すものであるだろう。そして大川における「世界史」の成立の〈時〉とは、「日本精神」の成立の〈時〉でもあるのだ。「世界戦と日本」の章の末尾で大川はこういっている。

世界戦は是れ新ペロポネソス戦争、日本は断乎として落日の欧羅巴に対する従来の過当なる崇拝、畏怖を止め、深く日本精神に沈潜し、無限の努力によって一切の至貴至高なるものを日本の魂其ものの衷より汲取り、一貫徹底これを内外に実現せねばならぬ。

3　世界史を経緯する二問題

大川が「世界史」とともに呼び出す「日本精神」とは何かをたずねる前に、「世界史を経緯しつつある二問題」を見ておきたい。ヨーロッパの世界史的な没落とともに、「世界史」は大川の眼前にその顕わな姿を見せはじめた。

世界は、歴史の未だ曾て知らざる徹底的革命に面して居る。故に数限りなき事象が、紛糾錯雑を極めて吾等の周囲に起伏する。然も其等一切の事象のうち、真個世界史的意義を有するものは、まごう可くもなく唯だ二つである。世界史を経緯しつつある此等二個の事実を、明白確実に領会することは、取りも直さず非常なる世界変局の真相を把握する所以である。

「世界史を経緯する」ものとは、世界史を縦糸となり横糸となって織りなすものということであろう。それは「二個の事実」だというのである。では「二個の事実」とは何か。「一は即ち諸国家内部に於ける階級争闘であり、他は即ち国際間に於ける民族争闘である」と大川はいう。世界戦の間は休戦状態であったこの二個の争闘の事実は、世界戦の終わりとともに一層深刻な姿をもって現れることになった。

資本と労働との対抗は、今や新しき戦局に入り、二個の到底相容れざる抗争原理が、一切の狐疑逡巡を排して、最後の決戦を試むべく進みつつある。而して亜細亜に於ては、欧羅巴在来の支配に対し、亜細亜諸民族は明白に平等と独立とを要求し始めた。

私は今ここでひたすら大戦後の世界史を経緯する「二個の事実」を大川にしたがって記している。この「二個の事実」とは、世界戦の終わりとともに顕在化する「世界史」を構成する「二個の事実」であり、同時にそれは「世界史」的自覚としての大川の思想を構成する「二問題」でもあるだろう。
ヨーロッパ諸国における階級闘争の激化は社会革命の進行を不可避のものにしている。あらゆる軍事的干渉と介入、経済的封鎖にもかかわらずロシア革命によるボルシェヴィキ政権の確立をヨーロッパが阻止しえなかったことは、社会主義革命が「世界史」の「真個の事実」であったからである。大川はボルシェヴィキ政権による国家形成を「一個人間精力の奇蹟」として評価するのである。

此の革命政府の業績は、真個驚異に値する。そは不断に内外両面の敵に襲われ、峻酷なる封鎖の下に飢寒の極に押やられ、屡ば没落の危きに瀕しつつ、能く一切の難局を打開し、常に困難の間より新しき力を獲得し、混沌の間より強力なる政治的並に軍事的機関を組織し、終に新社会の基礎を築き上げた。そは真に仏蘭西革命の間におけるジャコビン党の業績と共に、一個人間精力の奇蹟である。

さらにロシア革命の遂行を人類史的意義において評価する大川の言葉をここに引くことは決して余計な繰り返しではない。やがて昭和ファシズムを代表するイデオローグとなる大川の一九二〇年における思想的な立ち位置を知るためにも重要である。

吾等にとりて重要なることは、一個の偉大なる国民が、徹底して過去の制度を顚覆し、社会主義の極端なる実行を敢てし、ブルジョアの議会政治に代うるに一個新しき政治制度を以てし、全然新しき社会秩序の創造の為に、其の全力を挙げつつあると云う事実其ものである。そは確信と勇気との仕事である。而して人類の進歩を促進し激成せるものは、常に此種の確信と勇気とであった。

ロシアに成立しつつある社会主義政権のために、これだけの言葉をもってした同時代日本からの称賛を私は知らない。『日本文明史』が大川の著作リストから外されていったのは、ロシア革命へのこの称賛のゆえかもしれない。だがここには欧米と急速に近代化を遂げた日本をも含めた先進資本主義国における社会革命を必須とする社会的危機の深刻化をたしかに見つめている眼がある。社会革命による国家改造、あるいは社会主義的国家革新への志向は、世界戦後の一九二〇年代に成立する大川の思想の第一の構成契機である。それは「世界史を経緯しつつある二問題」の第一の問題でもある。では第二の問題とは何か。われわれはもう一度大川の世界大戦後の「世界史」認識にもどろう。「世界戦は終った」という言葉とともにいう大川の「世界史」の自覚的認識をもう一度ここで見てみよう。

世界戦は終った。必然の進行として、一時其の影を潜めたる二個の根本問題が、更に深刻なる姿を以て現れた。資本と労働との対抗は、今や新しき戦局に入り、二個の到底相容れざる抗争原理が、一切の狐疑逡巡を排して、最後の決戦を試むべく進みつつある。而して亜細亜に於ては、欧羅巴在来の支配に対し、亜細亜諸民族は明白に平等と独立とを要求し始めた。

第二の問題とはヨーロッパの没落が必然的に世界史上に登場せしめる「アジア復興」の問題である。「アジア復興」の要求はさし当たってヨーロッパに対する政治的、経済的な自由と平等と独立の要求としてあるだろう。だが「アジア復興」がそうした要求としてあるかぎり、それはヨーロッパ近代の政治的、経済的原理の移植的再生ということにならないか。それはすでに大英帝国が植民地インドに要求している独立の条件ではないのか。だがそのヨーロッパがすでに死に瀕するヨーロッパであることを知るならば、「アジア復興」はヨーロッパの近代的原理による模倣的復興であってはならないことをも知るはずである。

現在の欧羅巴文化の制度は、少くも其の資本主義的産業組織の姿に於ては、最早如何ともすべからざる窮極に達した。そは晩かれ早かれ死すべくある。而して之に代るべき制度は、露国に於て企てられつつあるものと同型の社会主義的組織か、若くは新しく而して未だ顕われざる原理の出現でなければならぬ。（傍点は子安）

資本主義的文化、社会制度の形をとってきた近代のヨーロッパ的原理がすでに死に瀕しているならば、それに代わるものはロシアで進行しつつある社会主義的原理による国家社会の再組織化であろうか。もしそれがなお人間の将来に向けて取るべき社会救済の原理でないとすれば、われわれは「未だ顕われざる原理の出現」を待たなければならない。大川はそれを「アジア的原理」として提示するのである。

一九二〇年のヨーロッパの世界史的な没落が大川に可能にした「世界史」的認識は〈二個の世界史的事実〉を明らかにした。「第一の事実」とはヨーロッパ諸国における社会革命、あるいは社会主義的な国家改造を不可避とするような社会的危機の深刻化に見出される事実である。これを「第一の事実」として認識する大川はロシアにおけるボルシェヴィキ政権による社会主義的国家形成を高く評価した。このことは二〇年代に成立する大川の思想の第一の構成契機として〈社会主義的な国家革新〉への志向があることを教えている。

大川の「世界史」的認識が指摘する「第二の事実」とは、「第一の事実」が世界史の対極に示す事実、すなわち「アジア復興」という事実である。大川のいう「アジア復興」とは、〈ヨーロッパの没落〉と世界史的に対を為す〈アジアの復興〉をただ意味するのではない。それは〈ヨーロッパ的原理〉とは異なる〈アジア的原理〉による「アジア復興」である。「アジア復興」という「第二の事実」はヨーロッパ諸国における社会主義的革新を不可避とする「第一の事実」と対をなすというよりは、むしろそれを内包している。二十世紀の「世界戦」後の「アジアの復興」すなわちアジアの新国家の建設、あるいは既存国家の再構築は〈アジア的原理〉による〈革新的復興〉でなければならないからである。

「アジア復興」という「第二の事実」は大川の思想を構成する〈アジア主義〉というか、〈ヨーロッパ近代のアジア主義的超克〉という思想契機を教えている。大川における国家の社会主義的革新は〈アジア的原理〉による革新、あるいは〈アジア主義〉的な〈ヨーロッパ近代の超克的革新〉でなければならないのである。では大川における〈アジア的原理〉とは何か。

4 〈アジア的原理〉は世界を救うか

近代の〈ヨーロッパ的原理〉[8]が社会的格差の拡大と階級対立の激化、そして最後には世界戦争に至り着く形で自らを否定してしまった後に、〈社会主義的原理〉という人間社会救済のための方程式が提示された。大川はこれを「第二の方程式」という。

かくて今や第二の方程式が提示された。そは自然の不平等の裡に、理性と科学との力によって、出来る限り絶対の平等を実現せんとするもの、共同生活に於て出来る限り絶対に労働を平等にし、利得を平等にせんとするものである。

大川は「第二の方程式」をこのように定義しながら、はたしてこれが人間社会救済の方程式として成功するかどうかは疑問であるという。ソ連における社会主義が人間疎外の、人間精神の抑圧的システムとして成立したことをすでに知るわれわれにとって、以下に引く大川の言葉はある重みをもっている。その重みは大川の思想の先見性というよりは、彼における〈アジア的原理〉の選択がもつ重みであるだろう。

第二の方程式が、第一よりも成功するや否やは、大なる疑問である。何となれば此の方程式は、当初は唯だ最も苛酷なる強制によってのみ支持せらるべく、少くとも人間は一時其の自由を奪われねばならぬ。加うるに第二の方程式の提示者は、精神に於て実現せられざるものは、之を生活に実現することが出来ぬと云う根本の困難を無視して居る。人は其の精神に於て自由であり、平等であり、融合がある時にのみ、初めて生活に於ても自由・平等・友愛を実現し得る。それは可変不定なる、而して稟賦と本能とによって常に左右せられ勝なる思想や感情の能くする所でない。之が為には、深刻徹底せる魂の革新を必要とする。欧羅巴は、漸く此の必要を認め初めた。然も今日に於ては、彼等の主力は、尚お合理的方式と器械的能率の発見及び実現に傾倒されて居る。

ヨーロッパがいま初めて魂の革新とともに要請する「精神における自由も、平等も、融合も」アジアがその精神の内部で一切の努力を傾注してきたことではなかったか。だが「亜細亜は、従来欧羅巴の如く社会的進歩の為に全力を傾倒したことがない。その至高の努力は実に内面的・精神的自由の体得に存し、且之によって偉大なる平等一如の精神的原理を把握した。而も亜細亜は、此の原理を社会生活に実現する為に努力することなかった」のである。

大川は「世界戦」後の世界史を経緯する「第二の事実」としての「アジアの復興」を提示した。その「アジアの復興」はアジア主義的復興としてはじめて世界史的意義をもつとされた。アジア主義的復興とは〈アジア的原理〉による新しい世界、新しい人間社会の革新的創成である。だがそれはアジア主義者の抱く空しい願望に過ぎないのではないか。なぜならアジアはひたすら精神の内面における絶対的平等と無限的融合に全力を傾注してきたからである。アジアは自らの精神的原理を現実世界に実現するための努力をすることはなかった。〈アジア的原理〉による「世界史」

的革新とはアジア主義者の願望に過ぎないのか。大川は「吾等が抱懐し得る最大の希望である」という。

亜細亜は、欧羅巴の経験せる産業制度、その第一相としての資本主義、その第二相としての社会主義を模倣するかも知れぬ。されど若し斯くの如くんば、亜細亜復興は、人類の努力に何等新しきものを加えぬことになる。又は復興の亜細亜と革命の欧羅巴との融合が、両者の最高の理想——内外両面の自由・平等・友愛を実現す可き真個の組織を生むかも知れぬ。然り、之れ実に今日吾等が抱懐し得る最大の希望である。(傍点は子安)

〈アジア的原理〉による「世界史」的革新が、アジア主義的革新者大川によるただの〈希望の表明〉にとどまるかと思われるその時、はじめて「日本」が登場する。〈アジア復興〉の切り札として「日本」が呼び出されるのである。「日本」がどのように呼び出されるか、『日本文明史』の最終節の言葉によって見よう。

此の如き世界史の偉大なる転回期に於て、日本の地位は真個特殊のものである。そは亜細亜に於て名実共に独立を保持し来れる唯一国であり、且欧羅巴の制度を採用して其の社会を組織せる唯一国である。

日本は、欧羅巴の社会制度を踏襲したるが故に、その経済組織に於て必然資本主義の確立を見た。而して資本主義は世界戦争中に於て最も著しき速度を以て発達した。日清日露の両役によって、日本が武力的に欧洲列強と同位に進んだとするならば、世界戦によって、日本は初めて欧米と伍し得べき資本主義的発達を遂げたと言い得る。故に今日日本に於て見る社会不安は、程度の差こそあれ、本質に於ては西欧のそれと同一のものである。

さり乍ら、日本は此の問題を西欧に模倣して解決すべきか、西欧の社会主義を如実に借用して、新しき日本を組織す可きか。吾等は断じて否と答える。吾等は亜細亜精神の権威によって、日本の改造は、単なる西欧の卑しむべき模倣であってはならぬと断言する。

日本は亜細亜国家として、亜細亜本来の魂の自由、内面的平等、精神的統一を、千年に亘りて鍛錬して来た。而して亜細亜に於て日本のみが、西欧の科学的知識を咀嚼し消化した。同時に日本のみが、儼乎たる独立国家として、自由に創造の大業に従い得る地位に在る。

故に革命欧羅巴と復興亜細亜とが、来るべき世界史の経緯であるならば、その第一頁を書くものは日本でなければならぬ。

（『日本文明史』第二八章「世界史を経緯しつゝある二問題」一一二）

〈革命ヨーロッパ〉と〈復興アジア〉とを「世界史の経緯」として見る大川によって「日本」は「世界史」の新たな一頁の書き手として呼び出された。その時、大川は明らかにアジア主義的革新者であった。だがこの「日本」が「世界史」の主題的意味をもって、そして「アジア」の盟主の位置から語り直される時、大川はもはやアジア主義的革新者ではない。その〈時〉は、もうすぐそこにまで来ている。

注

（1）大川の『日本精神研究』は昭和二（一九二七）年に文録社及び行地社出版部から出版された。私が見ているのは明治書房刊の普及版（一九三九）である。なお大川の著書からの引用に当たっては、漢字・かな表記は現行の用法に従っている。大川以外の著者の場合も同様である。

（2）『日本精神論の調査』文部省思想局、昭和十年十一月、思想調査資料特輯。

（3）社会教育研究所刊の『日本精神研究』は講義の順序に従い、「横井小楠の思想及信仰」（第一）、「佐藤信淵の理想国家」（第二）、「平民の教師石田梅巌」（第三）、「純情の人平野二郎国臣」（第四）、「剣の人宮本武蔵」（第五）、「近代日本の創設者織田信長」（第六）、「上杉鷹山の政道」（第七）、「戦へる僧上杉謙信」（第八）、「頼朝の事業及び人格」（第九）の九巻からなっている。これは単行本『日本精神研究』の目次をなすものである。

（4）大川は満川亀太郎らとともに大正八（一九一九）年八月に、「中原還《また》鹿を逐い、筆を投じて戎軒《じゅうけん》（軍事）を事とす、縦横の計就らざれども、慷慨の志猶存す」の気概をもって猶存社を結成した。日本国家改造の具体案をもつ北一輝を上海から呼び戻し、大川・満川とともに三位一体的組織を構成した。同人には鹿子木員信、安岡正篤、西田税らがいる。

（5）『大川周明全集』全七巻、大川周明全集刊行会、岩崎学術出版社、一九六一―七四。

（6）『大川全集』は『日本文明史』の結論のこの三章だけを第四巻の「時事論集」に収録している。

（7）高坂正顕・西谷啓治・高山岩男・鈴木成高による三回の座談会、「世界史的立場と日本」「東亜共栄圏の倫理性と歴史性」「総力戦の哲学」の記録は『中央公論』（一九四二年一月、四月、一九四三年一月）に掲載された後、『世界史的立場と日本』にまとめられ、中央公論社から昭和十八（一九四三）年三月に公刊された。引用文中の傍点は子安。

（8）近代の〈ヨーロッパ的原理〉による資本主義的社会の成立を、大川は人類に提示された社会革新の「第一の方程式」としている。

あとがき

「「大正」を読み直すことは、「昭和」を、戦前の「昭和」だけではない、戦後の「昭和」をも読み直すことになるだろう」と、本書・序章の最後に私は書いた。大正前夜の「大逆事件」、やがてくる大正の政治社会に国家権力が先手を打った国家的テロルというべき「大逆事件」について書きながら、私は社会主義とその政党がほとんど溶解してしまった二十一世紀日本の政治的現実と「事件」との間を重く暗い線をもってつなげざるをえなかった。そしてまた河上における『貧乏物語』の破棄と『第二貧乏物語』の成立をたどりながら、現代日本における〈貧困論〉がまさしく貧困であることの理由を考えざるをえなかった。私が読み始め、読みながら確認していった「大正」とは、「戦後民主主義の日本社会への定着」をいうものが、その前提として見出す「大正デモクラシー」としての「大正」ではない。もしわれわれの民主主義についていうならば、〈民〉をただ迎合し、喝采し、投票する〈大衆〉としてしか見ない〈民主主義〉、〈民の力〉を本質的に排除した〈議会制民主主義〉への道は、すでに「大正デモクラシー」そのものが辿っていった道ではなかったのか。私は「大正」を読みながらそのように考えるようになった。

昭和八（一九三三）年生まれの私は、昭和前期の全体主義を幼少年期の心身的記憶の形で心に留めている。私はこの記憶をわずかな、しかし確かな拠り所にして、昭和の全体主義を構成する諸問題の思想史的な解読作業を行ってきた。それは『「アジア」はどう語られてきたか』（藤原書店、二〇〇三）であり、『日本ナショナリズムの解読』（白澤社、二〇〇七）であり、『「近代の超克」とは何か』（青土社、二〇〇八）などなどである。だが本書『「大正」を読み直す』にまとめられた「大正」を読む作業は、上記の著書などにまとめられた私の思想史的作業とは性質を異にしている。「大正」を読みながら、私は大正が作った昭和の全体主義の中に生み落とされたのではないかと思うようになった。事実、明治末年に生まれ、大正に成人し、やがて世帯をもち、家業をも成していった両親から、昭和の工業都市川崎に生まれたのである。このように見ることによって「大正」も「昭和」も私においてその意味を変えた。「大正」を読むことは、「昭和」を読み直すこととなった。「昭和」はそれ自身をとらえ直し、読み直すことを可能にする「大正」という外部的視点をもったのである。私がその中に生み落とされた「昭和」の全体主義は、これを生み落とした「大正」から見ることによって、記憶の中の心象を脱して解読可能な歴史的構成体になったのである。

すでに私は本書で、津田の『神代史の研究』を読むことを通じて、昭和全体主義時代の思想史的言説が和辻によってどのように語り出されていくかを見た。「大正」を読むことが「昭和」の再読をうながすものであることを、本書最後の和辻・大川をめぐる二章はすでに示している。「大正」を読むこととは、私自身の予想をこえた大きな意味をもつものであった。本書がその大きな意味を十分に読者にお伝えできなかったことを残念に思っている。

本書本文中に記したように、成田龍一氏の『大正デモクラシー』を読むことによって私は「大正」への視点をもつことができたし、田中伸尚氏の『大逆事件　死と生の群像』と出会うことによって、大正前夜の「大逆事件」から「大正」を、そして「昭和」をも読み直すことの重要さを教えられた。両書より蒙った恩恵の深さを思いながら、私の感謝の気持ちをここに記したい。

本書を構成する「大正」を読む諸章は、東京・昭和思想史研究会と大阪・懐徳堂研究会の市民講座で行なった講義を整理し、まとめたものである。二〇一四年の秋に始まった「大正を読む」講座は、今年の二月まで続いた。一年半にわたる講座の熱心な参加者の支えなくして、「大正を読む」という私の新たな作業を完結させることはできなかったであろう。聞き手がいなければ、語ることもない。講座とは語り手と聞き手の共同作業だと思っている。有り難うございました。

さらにここに記しておかねばならないことは、昭和思想史研究会の田中敏英さんが本書の刊行に際して払われた絶大なご尽力についてである。すでに講義の段階で私の原稿の間違いなどを指摘して下さっていた田中さんは、本書の刊行に当たって、初校のゲラを引用原文と照合させながら厳密に校正して下さった。もともと校正が不得手で、あまつさえ年齢とともに目は悪くなり、注意力も散漫になっている私にとって田中さんのご支援は、まさしく天の配慮ともいうべきものであった。心から感謝したい。良き仲間をもちえたことは幸いなるかな。

本書を藤原書店から刊行したいという私の願いをお聞き入れ下さった藤原良雄氏と編集を担当して下さった小枝冬実さんにあらためて御礼を申し上げます。

二〇一六年三月十八日

子安宣邦

著者紹介

子安宣邦（こやす・のぶくに）

1933年川崎市生まれ。東京大学文学部卒業。東京大学大学院博士課程（倫理学専攻）修了。文学博士。大阪大学名誉教授、日本思想史学会元会長。著書に『「アジア」はどう語られてきたか』『昭和とは何であったか』（藤原書店）『日本近代思想批判』『江戸思想史講義』『漢字論』『思想史家が読む論語』（岩波書店）『国家と祭祀』『「近代の超克」とは何か』『和辻倫理学を読む』（青土社）『平田篤胤の世界』『仁斎学講義』（ぺりかん社）『日本ナショナリズムの解読』『歎異抄の近代』（白澤社）など多数。

「大正《たいしょう》」を読《よ》み直《なお》す ――幸徳《こうとく》・大杉《おおすぎ》・河上《かわかみ》・津田《つだ》、そして和辻《わつじ》・大川《おおかわ》

2016年5月10日　初版第1刷発行©

2016年9月10日　初版第2刷発行

著　者　子　安　宣　邦

発行者　藤　原　良　雄

発行所　株式会社　藤　原　書　店

〒162-0041　東京都新宿区早稲田鶴巻町523

電　話　03（5272）0301

FAX　03（5272）0450

振　替　00160‐4‐17013

info@fujiwara-shoten.co.jp

印刷・製本　中央精版印刷

落丁本・乱丁本はお取替えいたします

定価はカバーに表示してあります

Printed in Japan

ISBN978-4-86578-068-0

「戦後の世界史を修正」する名著

ルーズベルトの責任㊤㊦

〈日米戦争はなぜ始まったか〉

Ch・A・ビーアド

開米潤監訳

阿部直哉・丸茂恭子＝訳

ルーズベルトが、非戦を唱えながらも日本を対米開戦に追い込む過程を暴く。

㊤序＝D・F・ヴァクツ　㊦跋＝粕谷一希

A5上製　各四二〇〇円

㊤四三二頁（二〇一一年一二月刊）㊤◇978-4-89434-835-6

㊦四四八頁（二〇一二年　一月刊）㊦◇978-4-89434-837-0

PRESIDENT ROOSEVELT AND THE COMING OF THE WAR, 1941: APPEARANCES AND REALITIES

Charles A. Beard

日米関係・戦後世界を考えるための必読書を読む

ビーアド『ルーズベルトの責任』を読む

開米潤編

公文書を徹底解読し、日米開戦に至る真相に迫ったビーアド最晩年の遺作にして最大の問題作『ルーズベルトの責任』を、いま、われわれはいかに読むべきか？〈執筆者〉粕谷一希／青山佾／渡辺京二／岡田英弘／小倉和夫／川満信一／松島泰勝／小倉紀蔵／新保祐司／西部邁ほか

A5判　三〇四頁　二八〇〇円（二〇一二年一一月刊）◇978-4-89434-883-7

屈辱か解放か

ドキュメント占領の秋 1945

毎日新聞編集局　玉木研二

一九四五年八月三十日、連合国軍最高司令官マッカーサーは日本に降り立った――無条件降伏した日本に対する「占領」の始まり、「戦後」の幕開けである。新聞や日記などの多彩な記録から、混乱と改革、失敗と創造、屈辱と希望の一日一日の「時代の空気」たちのぼる迫真の再現ドキュメント。

写真多数

四六並製　二四八頁　二〇〇〇円（二〇〇五年一二月刊）◇978-4-89434-491-4

「人種差別撤廃」案はなぜ却下されたか？

「排日移民法」と闘った外交官

〈一九二〇年代日本外交と駐米全権大使・埴原正直〉

チャオ埴原三鈴・中馬清福

第一次世界大戦後のパリ講和会議での「人種差別撤廃」の論陣、そして埴原が心血を注いだ一九二四年米・排日移民法制定との闘いをつぶさに描き、世界的激変の渦中にあった戦間期日本外交の真価を問う。

〈附〉埴原書簡

四六上製　四二四頁　三六〇〇円（二〇一一年一二月刊）◇978-4-89434-834-9